哥伦布传

Columbus Biography

吴兴勇 著

中国海洋大学出版社

·青岛·

今天唱一支粗陋而简短的吟诵曲，

唱海上的船，每一只都在自己的旗帜和信号下航行；

唱船上的无名好汉——唱那些向目所能及的远方铺展的波浪，唱那些激扬的浪花，和呼啸着、吹响着的风；

……

唱年轻或年老的船长，他们的伙伴，以及所有勇猛的海员；

唱精干而沉着的健者，他们从不为命运和死亡所震慑，

他们被你古老的海洋吝啬地拣出，被你所挑选。

大海啊，你及时挑拣和选拔这一类人，把各个国家联合在一起，他们被你这老迈而沙哑的乳母所哺育，他们体现着你，像你那样桀骜，那样无畏。

——惠特曼《为所有的海洋和所有的船只唱歌》

目录

第一章　在历史的茫茫黑夜中

第二章　从希望到失望

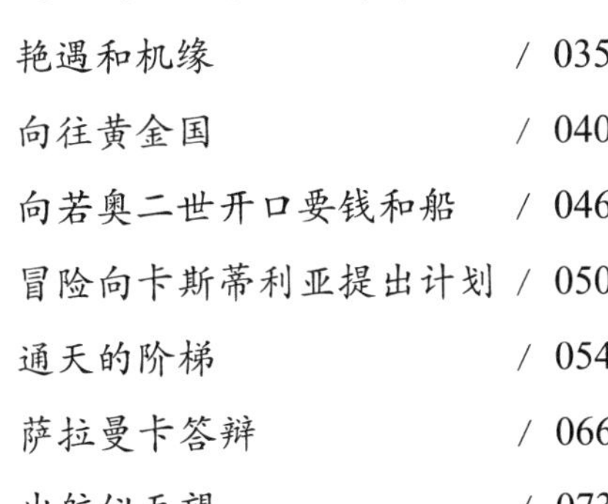

第三章　发现新大陆，哥伦布载誉而归

第四章　探察新大陆和殖民地的骚乱

第五章　失宠，挫败，死亡

第一章 在历史的茫茫黑夜中

中世纪的世界

对于世界的认识，中世纪欧洲人的视野与现代欧洲人不同，他们享受不到报纸、电话或电视机所带来的好处，因此消息很少能传达给普通人，他们不可能像现在一样从这个洲飞行到另一个洲。事实上，只有很少的人在他们一生中能走出比附近的城镇更远一些的地方。

当时的欧洲人不了解那些在遥远的陆地上生活的人，所以有许多编造的故事，描述一些想象出来的奇怪动物住在那边。那里有长着狗脸的人，也有脸长在胸膛上而没有头的人，还有在额头上只长了一只眼的巨人……这些传说都曾一度被信以为真。

由于对外界的无知，当时不少欧洲人写的小说体游记充满了大肆夸张的描写。14 世纪 50 年代一本名为“约翰·曼德维尔爵士游记”(*The Travels of Sir John Mandeville*)的书出版面世。这本书塑造了许多奇形怪状的人物，欧洲人坚信这些怪模怪样的人是存在的，更有人声称见到过长着巨人脚的人，他们用脚来遮挡太阳。

大西洋一望无际，辽阔深邃；北部海域终年封冻，南部炎热似火。500 年前，一般的欧洲人普遍认为整个世界(包括欧、亚、非三洲)只是大西洋中间的一片陆地，非洲在地中海以南，而亚洲位于南半球，与辽阔的非洲相衔接。不过，当时欧洲的有识之士已经知道人类所居住的地球是球形的，但是仍然认为，已知的住了人的地方只在赤道以北，而且只占这片陆地的四分之一。

有一幅在 1482 年制作的地图，被称作“托勒密(*Ptolemy*)世界地图”。它显示了当时欧洲人真正知道的世界是多么的小，非洲南部、太平洋和美洲大陆都没包括在地图内，而地图上的亚洲似乎也是猜测的结果，只有关于地中海的描绘是相对准确的。

但是，有些欧洲人已经做过长途旅行。威尼斯人马可·波罗于 1271 年动身，经过了 3 年多时间才到达中国(英文为 China，但当时称契丹 Catay, Khitan)。他在 14 年后，于 1295 年返回欧洲。他写的《马可·波罗游记》(*Relation*，或称 *Narrative*)对于大多数人来说，或许只是一本不可信的“奇迹之书”，少数才智双高的人却十分认真地看待它。

后来，一方面因为欧洲经济的迅速发展，一方面由于信奉伊斯兰教的奥斯曼(*Ottomane*)帝国征服了近东，使得欧洲与亚洲之间的联系中断，欧洲人终于产生了发现“新世界”的念头，并且开始重建“地理学”。于是，航海家们纷纷出海远航，探索未知的世界。

马可·波罗画像

当时，葡萄牙的船只活跃于海上，航海技术进步。他们的对象不再是地中海这片水域，大西洋才是心之所系、盼望的所在。1471年，葡萄牙人的船队越过了赤道；1482年，他们到达刚果河口（*Congo River*）。他们的发现瓦解了“热带无法居住”的观点。他们并不以此为满足，而是雄心勃勃，要绕过非洲驶向亚洲。

但是，在西班牙，有一个人不想绕非洲去亚洲，决心冒险去寻找“新世界”。他的过人胆识和临危不惧的性格使他终于横渡大西洋，登上了一片不为人知的陆地。于是，对所有的欧洲人来说，世界的图像，或者说世界的概念，顷刻间发生了根本的变化。前不久仍鲜为人知的名字——克里斯托弗·哥伦布，从此名闻天下。

从默默无闻到最崇高的荣誉

哥伦布画像

哥伦布（英文名为 *Christopher Columbus*）大约在1451年出生于意大利热那亚（*Genoa*）一个羊毛纺织工人家庭，取名克里斯托弗•哥伦布（意大利文为 *Cristoforo Colombo*）。他只受过很少的教育，直到成年还不会读写。他像其他来自热那亚的男孩一样成了一个水手。1476年，正值25岁，他在葡萄牙海岸遇上了海难事故。遭遇海难后的哥伦布留在葡萄牙，在里斯本定居。他结了婚，学习当一个地图绘制员，同时继续从事他的水手职业。他到过西非海岸、英格兰和爱尔兰，他后来声称也曾经航行到过冰岛。

哥伦布曾读过《马可•波罗游记》的拉丁文译本，因此相信亚洲并不位于南半球，它和位于东部的非洲并不衔接。他相信地圆说。当时有学者证明要前往印度，最近的路线必是由欧洲向西航行。对此，哥伦布十分赞同。中世纪欧洲人使用“印度地区”这个词时，不只是指印度，同时也包括日本、中国、印尼和南亚。这些地方都被认为是非常富有的陆地。

当哥伦布在大西洋航行时，他推断从欧洲向西航行到达亚洲也许是可行的。借助马可•波罗收集的资料，哥伦布计算出印度在欧洲西面大约 3900 英里的地方。事实上，这是欧洲与美洲海岸之间的大约距离。

他大胆提出了一个横渡大西洋到达印度的计划。他的目标是寻找另外一条通向一个已知的大陆的通道，而并不是去发现一个新大陆。

他要寻找的是一条向西航行通到中国（震旦，Cathay，印度对中国的古称）和印度的航道。由于位于中东一带的都是穆斯林（乃英语 Muslim 的音译，即“伊斯兰教徒”或“伊斯兰教的”之意）国家，意味着欧洲人想从陆地直接到达亚洲几乎是不可能的。哥伦布就是试图找出一条路线绕过这些国家。

1453 年，奥斯曼土耳其攻占了东罗马帝国的都城君士坦丁堡（Constantinople），在地中海东岸，伊斯兰势力崛起，并侵入东欧腹地。基督教国家败退，唯有地中海西岸的葡萄牙和西班牙在对穆斯林的战争中取得胜利。早在 15 世纪，葡萄牙基督教徒已经将占领了 7 个世纪的穆斯林赶了出去。西班牙在那个世纪末叶也取得了胜利。由于这两个国家都急于找到一条通往亚洲的海路，于是哥伦布把充满希望的目光投向葡萄牙和西班牙。

1484 年，他首先向葡萄牙国王若奥二世请求资助，但却遭到拒绝。因为葡萄牙人另有所图，他们正期望寻找一条环绕非洲海岸去亚洲的路，而不是向西的航道。

葡萄牙的拒绝对哥伦布是一个严重的打击，第二年，他决定迁往西班牙，看看在那里能否为他的航海找到资助。当时西班牙和葡萄牙之间的竞争比较激烈，在寻找一条到亚洲的海路方面，哥伦布希望利用这种竞争去说服西班牙资助他，以便帮助西班牙超越葡萄牙。当时的西班牙由斐迪南（*Ferdinand*）国王和伊莎贝拉（*Isabelle*）王后统治。尽管在很多人看来，哥伦布寻找一条西行路线到亚洲的计划好像是难以置信的，但国王和王后还是愿意考虑这个高风险的计划。

西班牙的国王和王后成立了一个由祭司、占星家、学者组成的特别委员会研究哥伦布的提案。直到1490年，这个委员会才得出结论，他们劝君主们拒绝哥伦布的大胆设想。事情又拖了两年，最后，斐迪南和伊莎贝拉还是否决了哥伦布的计划，认为其不成熟。

哥伦布极度失望。他思量着如何想法接触法兰西（*France*）国王时，他认识了一个新的同盟者，一个叫马丁•阿隆索•平松（*Martin Alonso Pinzon*）的老航海家。哥伦布带着他的新合伙人，再次向西班牙王室请求资助，他还要求成为他发现的新大陆的总督，将所得黄金、珠宝、香料的10%奖赏给他。斐迪南和伊莎贝拉开始并不接受他的要求，但哥伦布逐渐说服了他们。

斐迪南国王和伊莎贝拉王后对黄金的需求远甚于香料和丝绸，与摩尔人［Moor，由柏柏尔人（*Berber*）和阿拉伯人后裔混合组成的穆斯林，公元8世纪侵入西班牙］作战的消耗和他们豪华宫廷的开支使得他们极其缺乏金钱。

正是基于这方面的急切的需求，他们最终接受了哥伦布的计划。

哥伦布得到王室的批准后，行动得非常迅速，但西班牙王室只给他三条小船，船员总数只有90名。这三条船是“平塔”号(Pinta，意为“花的”)、“尼尼亚”号(Nina，意为“少女”，分别由哥伦布的兄弟和平松担任船长)和“圣玛丽亚”号(*Santa Maria*)。“圣玛丽亚”号的船身长度刚过100英尺(约55米)，其他两艘船则只有它的一半长。

船队朝向西方起航了，可是，一旦船队望不见陆地，很

哥伦布的船队

多水手就会变得急躁起来。他们知道最终一定能到达陆地，但他们害怕的是食物会在到达之前吃完而回不去西班牙。这样，船员们很可能叛乱和迫使船队调头返回西班牙。为了制止这样事情的发生，哥伦布一再发布假消息，告诉他们大陆已离他们很近。

他们从西班牙出发两个多月后，经历了几次虚惊，哥伦布的一个船员终于在1492年10月12日发现了大陆。被发现的这块陆地就是现在巴哈马群岛（*Bahamas*）中的一个岛，哥伦布给它起名叫"圣萨尔瓦多"（*San Salvador*）。当地的居民是阿拉瓦克人（*Arawakes*），但哥伦布认为自己到达的是印度，所以他称他们为印第安人（*Indians*）。

离开圣萨尔瓦多之后，哥伦布到达了古巴。他认为他已到达中国，便派出一个小组去寻找"大可汗"（the"Great Khan"），但他们空手而归。然后船队航行到海地（*Haiti*），哥伦布给它起名为"伊斯帕尼奥拉"（*Hispaniola*，意即"西班牙的岛"）。根据1407年西班牙首次发表的有关"新世界"的居民的报道，当地人能活到150岁，没有政府，吃人肉。

当哥伦布准备离开伊斯帕尼奥拉时，"圣玛丽亚"号遇难沉没，于是他留下38个男人以及足够一年用的食品和军火。1493年1月4日他和他的船员们搬到"尼尼亚"号船上，然后起航返回西班牙。1月6日"平塔"号加入"尼尼亚"号。他们于2月18日终于到达亚速尔（*Azores*），3月4日到达葡萄牙，然后于3月15日驶向巴罗斯（*Palos*），在巴塞罗那（*Barcelona*）觐见国王和王后。

哥伦布登陆圣萨尔瓦多

哥伦布返回西班牙

当克里斯托弗·哥伦布首次远航归来时，他的名字以其西班牙文的称呼“克里斯托巴·哥伦(*Cristobal Colon*)”传遍了整个欧洲，人们立即意识到发现新世界的重大意义。当时的西班牙专栏作家德·高马拉(*Francisco Lopez de Gomara*)，一语道破了这项发现的重要性：“开天辟地以来，除了造物主的降生和死亡，最伟大的事件就是发现印度。”虽然哥伦布发现的不是印度，但这句话的分量依然不减，因为欧洲人的这项发现震撼了世界，改写了历史，也大大影响了基督教的传播。

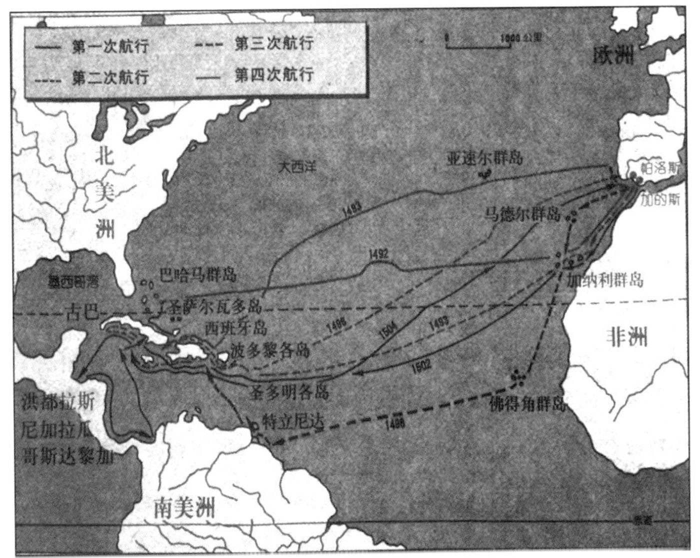

哥伦布远航地图

大冒险家谜一般的身世

哥伦布生前获得了罕有的荣誉，然而，至今人们对他25岁以前的事迹仍知之甚少。一位美国历史学家说："哥伦布其人是个谜，关于他的生平，很少有人能说得确切。"根据一些著名学者的深入研究，以及新史料的发现，我们知道他诞生在热那亚一个家境并不宽裕的毛织作坊业主家里。

哥伦布的祖父乔万尼·哥伦布（*Giowanni Colombo*，约1385—1444）农民出身，兼有毛纺手艺。他的老家原在热那亚城东边20多英里(约32千米)之外的方塔纳布奥那溪流谷地中的莫科内西村(*Mosnesi*)。1429年,已经居住在热那亚城东郊的昆托镇(*Quinto*)的乔万尼把哥伦布的父亲多明尼科·哥伦布(*Domennico Colombo*, 1418—约1495)送到毛纺作坊当学徒,当时多明尼科·哥伦布11岁。1439年,21岁的多明尼科出师,成为毛织工人中的佼佼者。他在热那亚城内波托里亚商业区帕马托尼广场附近繁华的奥利维拉大街东门(*Porta dell'Olivella*)内,购置了一所临街的房屋作为毛织作坊,稍后便开始招收学徒传授技艺了。

大约在1444年,老乔万尼去世前,为儿子多明尼科订下一门婚事。女方住在热那亚城东门外比萨格诺河畔,是乔万尼的同行和老朋友贾科莫·丰塔纳罗萨的女儿苏珊娜·丰塔纳罗萨(约1427—1474)。

第二年(1445),多明尼科与苏珊娜结婚,他们就是哥伦布的父母。1451年的金秋时节,后来为他们平凡的哥伦布家族带来显赫声望的克里斯托弗·哥伦布(1451—1506)出生了。因城市多次改建,哥伦布出生的那个地方今天已不存在。

或许在哥伦布之上还有兄姐,不过,没有详细记载可考。哥伦布有两个弟弟:巴托罗梅(*Bartolomeo*, 1461—1515)和迭戈(Diego, 1468—1515,原名贾科莫 *Giacomo*,迭戈是其西班牙名字),一个妹妹:彼安姬内塔(*Bianchinetta*,约1465—?)。巴托罗梅和迭戈后来都曾随同哥伦布出航。

1455年,哥伦布4岁时,他的父母搬到圣安德烈城门附近的德里托街，一栋附设有庭院和花园的小楼房里居住。这种升格式的迁居，反映了家境的良性变化。19世纪后期，为了纪念哥伦布发现新大陆400周年，热那亚市政府在这栋房子原有的地基上重建了楼房，挂上了“哥伦布故居”的牌子。

多明尼科搬到德里托街的新居后，仍旧经营羊毛纺织业，逐渐拥有一台或多台织机，可能有一两名学徒，但主要由苏珊娜带着孩子们加工羊毛，织成呢绒布在作坊门面出售。另外，他们还兼营一个小酒店。1470年初，多明尼科认为在萨沃纳（*Savona*）做生意可能更加合算，便举家迁往萨沃纳（意大利西北部城市，位于热那亚西南，是中世纪重要的商业中心）。年已19岁的哥伦布没有随父母迁居，他留在热那亚，受雇为水手，独立谋生。

1495年前后，在克里斯托弗，年届八旬的多明尼科在为家族带来无上荣耀的喜悦里含笑而逝。1496年，哥伦布、巴托罗梅和贾科莫（迭戈）三兄弟，将他们在新大陆（*the New World*）建立的第一个永久性城市，按照父亲的保护神的名字命名为“圣多明各（*Santo Domingo*）”，作为对父亲多明尼科（*Domenico*）永恒的纪念。

热那亚——航海家的摇篮

哥伦布受的教育很少，他可能在热那亚羊毛商们为孩子们开办的位于帕维亚街行会学校学习过。那样的初级学校开设 7 种技艺的课程，即拉丁文法、修辞、逻辑、天文、算术、几何和音乐。通过这样的初级教育和日后的自学，哥伦布懂得了航海术、占星术（天文学）、几何学、算术、宇宙志（地理）、历史和哲学（神学知识）等，同时也具备了一定的逻辑修辞能力。

哥伦布的真正学校是在热那亚的街头和港湾以及地中海上。哥伦布从小时候起就深深地被热那亚共和国浓郁的航海气息所感染。

哥伦布 14 岁那年，就开始从热那亚外出航海了。在 1466—1474 年间，哥伦布曾多次在地中海航行。

地中海（*the Mediterranean Sea*），世界上最著名的蓝色海洋文明的发祥地之一，它哺育过克里特（*Kriti*）文明和腓尼基（*Phoenicia*）文明，曾缔造了古希腊（*Greece*）和古罗马（*Rome*）的辉煌；也给中世纪的欧洲沿岸城市特别是意大利城市带来了繁荣。

意大利（*Italy*）所在的亚平宁半岛（*Appennino Pen.*），酷似一只伸进地中海的长靴。从 13 世纪到文艺复兴时期，半岛上产生了许多自由城市，就像颗颗镶嵌在长靴上的熠熠闪光的珍珠；威尼斯和热那亚两个富强的商业共和国，一东一西，更像靴沿上的两颗璀璨的宝石。

但就造船、航海、经商和冒险而言，热那亚比威尼斯起步要早得多，早在公元前 10 世纪，生活在地中海北部沿岸的利古里亚人就建立了热那亚堡垒。公元前 5 至公元前 4 世纪，热那亚人就已开始在地中海上捕鱼和经商。公元

威尼斯全景

前220年后，热那亚被罗马人征服，遂成为罗马人航海贸易的中心商站之一。而威尼斯晚至中世纪才从事东西方的中介贸易，并且大发其财。作为后起之秀，威尼斯一度有风头盖过热那亚之势。

11世纪，热那亚在反击阿拉伯（*Arab*）商业势力中重新崛起。1058—1062年，在教皇的支持下，热那亚（*Genoa*）和比萨（*Pisa*）组织联合舰队，攻占了阿拉伯人赖以控制地中海的基地——西西里岛（*Sicilia*）的巴勒摩（*Palermo*），使阿拉伯人在西部地中海长达250年的优势烟消云散。从此，热那亚人和比萨人称雄地中海西部，他们的联合舰队还敢于冒险远征北非，直捣阿拉伯人的海盗的巢穴。如1081年，热那亚和比萨联合攻占北非的突尼斯（*Tunisia*），直到第二年才离去。

但东部地中海仍旧是威尼斯的势力范围，热那亚没有份。可是，这时十字军东征（*Eastward Campaigns of Crusades*）发生了。

十字军（*Crusade*）是声讨阿拉伯伊斯兰国家的基督教军队，主要目的是夺回从公元637年以来就被伊斯兰教（*Islamism*）国家占领的圣地耶路撒冷（*Jerusalem*），那儿有埋葬耶稣遗体的圣墓（*Holy Sepulchre*）。

“伊斯兰”系阿拉伯文Islam的音译，原意为“顺服”，指顺服唯一的神安拉的旨意。伊斯兰教是7世纪初穆罕默德于阿拉伯半岛创立的一神教，7世纪30年代发展成为半岛的统治宗教，对外进行了征服战争；8世纪初，进一步发展成为地跨欧、亚、非三洲的世界性宗教。

十字军东征早在11世纪末期就开始了，其精神领袖是罗马教皇（*Pope*），参加者是法国、意大利和德国的封建主。第一次十字军于1099年7月攻陷耶路撒冷，建立十字军政权的耶路撒冷王国，但第二次十字军东征以失败告终。12世纪下半叶，埃及出现了一个英明领袖萨拉丁，他率军1187年夺回了耶路撒冷。以后十字军多次东征都没有夺回耶路撒冷，所以哥伦布抱有通过西航探险获得黄金帮助基督教世界夺回耶路撒冷（圣墓所在地）的志向。

11世纪末的十字军东征为热那亚插足东部地中海带来了机遇。1097年11月，热那亚由12艘战船组成的运输舰队到达安条克(*Antiochia*. 今土耳其南部的安塔基亚 *Antakya*,地中海东岸交通枢纽。1096 年,十字军东征时曾在此创建安条克公国),为十字军运去了援军和给养,从而使热那亚在十字军所攻下的每一个城市获得一块居留地和 1/3 的战利品。

12 世纪中期,热那亚为了分享威尼斯人的禁脔,在拜占庭(*the Byzantine Empire*)首都君士坦丁堡(*Constantinople*,即今天的伊斯坦布尔 Istanbul)城外获得商业立足点;不久,又向黑海沿岸作商业扩张。1177 年,热那亚直接同埃及苏丹(*Sultan*)缔结商约,打破了威尼斯在埃及(*Egypt*)的贸易独占权。

12 世纪后期,热那亚接纳了周围寻求保护的弱小邻邦。这样,在利古里亚海岸(*Mar Liguria*)长达二三百千米的弯月形地段,形成了一个"大热那亚共和国"。1162 年,神圣罗马皇帝确认了热那亚的自治权,热那亚开始踏上它的黄金时代。

13 世纪,热那亚的商业扩张激怒了威尼斯,这两个羽翼丰满的海上共和国在地中海东部展开激烈竞争。1204 年,威尼斯怂恿第四次东征的十字军攻占君士坦丁堡,并征服拜占庭帝国的大部分建立了拉丁帝国(*the Latin Empire*)。威尼斯作为后援者和赞助商,占有了拜占庭 3/8 的领土,树立了商业优势,并排挤已在拜占庭和黑海沿岸开拓市场的热那亚人。热那亚不甘心失势,便于 1261 年 7 月,趁威尼斯舰队远去黑海(*Black Sea*)之机,帮助拜占庭的尼西亚政权收复了君士坦丁堡,推翻了拉丁帝国,恢复了拜占庭帝国统治。这么一来，热那亚就取代了威尼斯，广泛享有在拜占庭的经商和其他特权，还占有了黑海沿岸的塔纳（*Tana*，顿河左岸古城，旧址在今俄国亚速市区，12世纪末以贸易点闻名，1475年被土耳其占领）和卡法（*Kafa*，Кафа，黑海港口城市，位于克里米亚半岛，1783年更名费奥多西亚）等商业殖民地，并获准在开俄斯岛（*Chios*）垄断乳香（*Frankincense*）贸易权。

热那亚与威尼斯为争夺东部地中海的商业霸权，公开诉诸武力，双方在地中海进行了一场旷日持久的"水上百年战争"（1255—1381年）。

例如，1298年，在亚得里亚海（*Adriatic Sea*）的库尔卓拉岛外海，就发生了一场威尼斯和热那亚的大海战。威尼斯拥有舰只95艘以上，热那亚则有80艘左右。战况初起时是威尼斯方面占了优势，但是随后风向转变，热那亚舰队乘机发动猛烈的反攻，威尼斯舰队遭受惨败，战船被焚，7000人被俘。其间，在中国发了财回来的马可·波罗自费装备了一条船参战，被俘后他在热那亚的监狱里口述东方见闻，由同室的比萨难友鲁斯梯谦笔录传世，是为《马可·波罗游记》。此书是影响哥伦布西航及他在新大陆上的作为的重要著作之一。

热那亚这次战争中虽然取得胜利，但由于土耳其人的崛起等因素，热那亚的商业势力最终还是退出了地中海东部；反之，威尼斯人采取灵活多变的手法，最终在东部地中海确立了商业优势。此时，地中海西部又崛起一个阿拉冈王国，热那亚人在地中海西部也难以称雄了。

阿拉冈王国是个什么国家呢？该国位于伊比利亚半岛东北部，是基督教徒们在伊比利亚半岛展开的长达700多年的“收复失地运动”（*Reconquista*，718—1492年）中建立的王国。

公元600年至1000年的几个世纪中，伊斯兰教的出现，是欧亚及世界历史上的一个重要转折点。穆斯林军人的征服行动，震惊了基督教世界。7、8世纪，在伊斯兰的星月旗下，穆斯林军人统一了从比利牛斯山脉到信德（今巴基斯坦）、从摩洛哥到中亚的所有地区，中东的阿拉伯半岛、波斯（*Persia*，现称伊朗 *Iran*）、北非和西班牙都落到信仰伊斯兰教的阿拉伯人手里，这对基督教徒的生存构成了极大威胁。这就是西班牙所在的伊比利亚半岛上“收复失地运动”的由来。

伊比利亚半岛（*Iberian Pen.*）于公元6世纪初被阿拉伯人（摩尔人）占领，基督教徒们退到半岛北部的深山中。但是，他们不忘雪耻，复兴故土的思想一代传一代，从阿拉伯人手中一寸一寸地夺回故土，史称“收复失地运动”。到11世纪末和12世纪初，在驱逐阿拉伯人的战斗节节胜利中，伊比利亚半岛上兴起三个基督教王国：卡斯蒂利亚、阿拉冈（1479年阿拉冈王国和卡斯蒂利亚王国合并，成为现代西班牙的核心）和葡萄牙。1118年，阿拉冈王国攻占萨拉戈萨（*Zaragoza*），定为首都，以后集中力量在西部地中海扩张。1235年阿拉冈征服了巴利阿里群岛，1282年又占有了西西里岛，使西地中海成为了阿拉冈王国的内湖，一跃为海上强国，以致人们风趣地说；“地中海鱼儿的背脊上，都盖着阿拉冈王国的大印。”这么一来，热那亚人就别想再染指这个海域了。

于是，热那亚人凭着长期在地中海航行积累下的经验，加上又掌握了罗盘针和海图的使用方法，以及制造帆船的新技术，便率先走出地中海，越过直布罗陀海峡，在大西洋沿岸进行冒险远航，成为将地中海的近海航行文化推广到远洋航行文化的中介和桥梁。

热那亚水手在大西洋沿岸重新发现了加那利群岛（古代罗马人曾发现过），并且试图环航非洲。他们最先在大西洋沿岸北上与佛兰德尔（*Vlaanderen*，法文 *Flandre*，*Flanders*）建立了海上航运业务。佛兰德尔又译佛拉芒，是欧洲的旧地区，中世纪的伯国，后成为旧尼德兰的 17 省之一，位于今法国北部和比利时西部，临多佛尔海峡，是中世纪欧洲最发达地区之一和最著名的毛纺织中心。现在的比利时就拥有东佛兰德尔省（*East Flanders*）和西佛兰德尔省（*West Flanders*）。

热那亚人在大西洋沿岸的探险活动，比葡萄牙人要早 200 年。此后，许多热那亚人来到葡萄牙，成为海军将领、大商人或优秀海员，在葡萄牙早期海上冒险事业中发挥了关键性作用。只有热那亚才能孕育出人类历史上最伟大的航海家和探险家——哥伦布。不仅如此，热那亚人约翰•卡波特父子也为英国发现了纽芬兰。至于葡萄牙的大探险家达•伽马（*Vasco da Gama*）和麦哲伦（*Magellan—El Cano*），也是热那亚宗师们的再传弟子（指这些探险家曾向热那亚人学习）。因此，热那亚是探险家的摇篮。

达·伽马画像

热那亚人在商业史上曾经有过许多创造性的重要贡献。例如，他们组织“海上协会”，发售股票，分配利润，可以说是近代股份公司的滥觞。又如，他们在叙利亚（*Syria*）和黑海沿岸进行殖民试验，是近代商业殖民主义的先行者。

一位爱冒险又不愿受约束的聪明海员

从10岁起，哥伦布就常常接触大海。在港口，灯塔高耸，帆樯如林。宽大的石砌码头两旁，停泊着大帆船、小板船、双尾战船、阿拉伯帆船、大肚子货船；有许多船的甲板上都架着火炮，这是武装帆船，是专门对付海盗劫掠的。年龄稍长，哥伦布渐渐能听懂港湾水手的谈话。热那亚的商船可以驶向所有地中海的港口和大西洋岸边的城市，如加的斯（*Cadiz*）、里斯本（*Lisbon*）、伦敦（*London*）、布鲁日（Bruges，比利时西北古城）、几内亚（*Guinea*）、突尼斯、的黎波里（Tripoli，利比亚首都），还有爱琴海（Aegean Sea，地中海中希腊和土耳其中间部分）的开俄斯岛（*Chios*）、黑海沿岸的卡法，等等。

当时他还在行会学校读书，但偶尔也在父亲的运货船上帮忙，并且沿着利古里亚海岸航行，出了几趟远差。有一次，一阵狂风从山尖上袭来，父亲操着浆和舵，大声吩咐小哥伦布调整索具、改变帆位。小家伙用尽力气进行操作，父亲感到很满意。回到家里，父亲还在母亲面前夸奖了几句。

海边的孩子看惯了惊涛骇浪，总是勇敢和早熟的。1465 年，14 岁的哥伦布第一次受船主雇佣，充当船队的少年见习水手，经常随船队在利古里亚海域为人运送货物，向东去过内尔雅（*Nervi*，意大利疗养地）、拉帕洛（*Rapallo* 意大利海滨城市，疗养地）或者菲诺港，向西到过科戈莱比、萨沃纳或者摩纳哥（*Monaco*）。

1470 年左右，十八九岁的哥伦布第一次从热那亚向南航行到科西嘉（*Corse*，*Corsica*，地中海北部岛屿，法国省份），行程 300 千米以上。这可以说是哥伦布海上生涯的真正开始。他第一次感受到海浪冲击的愉快，大胆冒险的刺激。在海上，他也是第一次听同船水手们津津有味地给他讲述海盗劫掠的惊险故事。当他遥看科西嘉时，只觉得

威尼斯的帆桨大木船

它好像是漂浮在海面上的一串小岛，到跟前一看，方知那些“小岛”原来是科西嘉岛上壁立的群峰。

当时地中海有五个海上强权——威尼斯、热那亚、佛罗伦萨、巴塞罗那和阿拉冈，它们都拥有强大的商船队。当时的商船队中，大吨位的帆桨大木船逐渐取代了双桅战船，适于远洋行驶。

哥伦布的少年时代，正赶上法国安茹（*Anjou*）的勒内亲王（*Rene*，1409—1480）与阿拉冈—西西里国王争夺意大利南部王国那不勒斯（Naples）的王位的长期斗争。

外号叫“好国王”的勒内（安茹大公），是路易十一（*Louis* Ⅺ）的侄子，1435 年成为那不勒斯王位的继承人，但是他同阿拉冈国王胡安二世（*Juan* Ⅱ，1458—1479 年在位）的斗争失败，未能当上那不勒斯王。后来，他的私生子费朗特（*Ferrante*）在 1458 年根据遗嘱取得那不勒斯王头衔。

加泰罗尼亚（*Catalogne*，*Cataluna*，西班牙北部历史地区，濒临地中海，面积 3.2 万平方千米。主要城市为巴塞罗那。1164 年起归阿拉冈王国统治，但常遭起义反抗，要求自治权。15 世纪末期归属西班牙）人揭竿而起，反对阿拉冈的新君主胡安二世，并在 1472 年要求把伯爵爵位赐予勒内大公，引起了长期战乱。也就是说，由于勒内亲王支持叛乱者，在勒内亲王和阿拉冈国王胡安二世之间展开了一场旷日持久的“冷战”。

1472 年前后，哥伦布在一条被勒内亲王征用的船上服役。有一天，勒内亲王派哥伦布服役的那条船去突尼斯夺取阿拉冈王国的“费尔迪娜”（*Femandina*）号船。当哥伦布的船抵达撒丁尼亚（*Sardinia*，即撒丁岛，地中海中仅次于西西里岛的第二大岛，位于东经 9 度、北纬 40 度，在第勒尼安海之西，属意大利）岸边的圣彼得罗岛后，大家得知那里另外还有两条船：一只大帆船和一只“卡拉卡”大肚子货船，它们都是阿拉冈王国的武装海船。哥伦布的同伴们立即感到惶恐不安，还未攻打就想撤回马赛（*Marseille*）求援。只有哥伦布坚持不退回，但他无论如何都难以说服他们。这时哥伦布表现出非凡的勇敢和机智，他一方面假装同意他们的意见，另一方面却故意在船上的罗盘上制造了一个错误，也就是悄悄地拨转了指南针的方向，并且促使船在半夜起航，使同伴们以为正在返回马赛的途中。第二天清晨天亮时，大家才知道船只已经到了突尼斯附近的迦太基角（*Carthago, Cape*）。恰好那天大雾弥漫，对方也看不清哥伦布手下有几条船。在迷雾中周旋一阵后，哥伦布成了临时的指挥员，他指挥船员登上"费尔迪娜"号，成功地将这艘满载宝物的阿拉冈胡安二世的大货船俘虏，凯旋而归。因为这次大胆的行动，哥伦布得到一大笔犒赏，也大大提高了他在水手们中的声望。这是他的海上冒险生涯的开端，他由此懂得了机智勇敢能给人带来多大的好处。

这件事也说明，哥伦布曾为西班牙斐迪南国王的生父（胡安二世）的对手——安茹的勒内大公——在海上效力过，但后来斐迪南国王却是哥伦布航海的支持者，历史就常常开这样的玩笑。

少年哥伦布的另一次海上冒险，是援助开俄斯岛的远征。开俄斯岛（*Chios*）是古希腊诗人荷马的故乡，位于东经 26 度、北纬 38 度。距离土耳其的安纳托里亚半岛（*Anatonia*）西岸仅仅 8 千米。这里自古以来就盛产乳香、无花果、葡萄酒、橄榄油和谷物。乳香是一种树脂，可以制成各种药物和芳香的饮料。1346 年，热那亚人开发该岛，将其作为殖民地。1415 年，土耳其（*Turkey*）兴起，开俄斯岛的热那亚人深受土耳其人的压迫,热那亚多次派舰队支援他们。1474年前后,哥伦布多次受雇于热那亚的两个商行,随同商行的大帆船增援开俄斯岛,和土耳其人较量。直到20年后,他首航到达古巴时,还对在开俄斯岛收取乳香的情景记忆犹新。开俄斯岛以后一直在热那亚人手里,直到16世纪中叶,长达300年之久。

死里逃生

25岁以前,哥伦布已在地中海上航行了十几年。从热那亚到科西嘉,从马赛到突尼斯,从萨沃纳到开俄斯,他已经游遍了利古里亚海(*Mar Liguria*,在地中海北部,科西嘉岛和法国、意大利海岸之间)、第勒尼安海(*Mare Tirreno*,地中海的一部分,在亚平宁半岛和西西里岛、科西嘉岛之间,主要港口有巴勒摩等)、爱奥尼亚海(*Ionian Sea*,地中海的一部分,在巴尔干半岛西南、亚平宁半岛东南和克里特岛、西西里岛之间,北以海峡同亚得里亚海相通)和爱琴海,他掌握了控帆、掌舵、测距、观察星空、预测天气等航海技术知识。

1476年5月,哥伦布以一个普通水手的身份,参加了热那亚的一支武装商船队。船队满载来自开俄斯岛的乳香树脂和丝绸、胡椒等贵重货物,准备送往里斯本、伦敦和佛兰德尔销售。商船队共由5条帆船组成,其中有三条三桅大帆船和一条全副武装的战船。第五条船是一只名叫“贝哈拉”号的小帆船,船主是佛兰德尔人(*Vlaanderen*,法文 *Flandre*),船上挂着船主所在国勃艮第王国(*Bourgogne*,在塞纳河流域,建都里昂或阿尔勒,后并入法国)的国旗,哥伦布就在这条船上当水手。

一名热那亚水手

5 月 31 日,船队从热那亚附近的诺利港起航,向西航行近两个星期后,安全通过直布罗陀海峡,进入大西洋水域。8 月 13 日,当商船队沿着葡萄牙南部海岸航行到拉古什(*Lagos*)附近的时候,突然遭到一支由 13 艘以上战船组成的法国和葡萄牙联合舰队的袭击。当时,法王路易十一正在同勃艮第王国的查理国王(*Charles King*)交战。由于热那亚商船队中“贝哈拉”挂着勃艮第的国旗,被视为敌船,遂成为法国舰队及其盟友葡萄牙人联合攻击的目标。

双方爆发了残酷的海战,一开头就在近距离用重炮开火。隆隆炮声在大海上轰鸣,滚滚浓烟在甲板上翻卷,熊熊烈火点燃了船桅和风帆。狂呼乱叫,血肉横飞,人们受不了火烧和烟熏,纷纷跳入水中。这场海战,双方被杀死或溺毙的共 500 多人,有 3 艘热那亚武装战船和 4 艘敌舰翻沉海底。哥伦布勇敢作战，但他乘坐的“贝哈拉”号被击沉。他在战斗中受伤落水，幸而一只漂浮的长桨在他身边，成了他生命的依托。他几乎用了一整夜，在海上漂游了 6 海里。次日黎明时分，终于到达葡萄牙的拉古什(*Lagos*)海岸。当地的人们帮助了他，那儿的热那亚侨民还帮他治好了创伤。

哥伦布在海战中落水，漂到了葡萄牙

第二章 从希望到失望

发现美洲的本应是葡萄牙人

哥伦布伤好后，立刻取道去里斯本(*Lisbon*)。偶然的机遇把他抛向当时地理大发现(*Geographical great discovery*，西方史学对15至17世纪欧洲航海者开辟新航路和发现新大陆的通称，主要为1492年哥伦布向西航行探寻亚洲却意外到达美洲、1498年达·伽马开辟绕过非洲好望角Cape of Good Hope通往印度的航路、1519—1522年麦哲伦率领船队完成第一次环球航行)的中心，探知未知世界的前哨——葡萄牙。

葡萄牙是杜罗河(*Duro*)下游一带兴起的基督教国家，该国用了一个世纪成功地将国内穆斯林人驱逐出去，比其他西欧(*Western Europe*)国家更早地巩固了郡主政权。早在12世纪中叶，葡萄牙就主动承认本国为天主教

(*Catholicism*)罗马教皇的附庸,表态支持十字军东征,不久便摆脱了卡斯蒂利亚的宗主权,成为完全独立的国家。12 世纪,葡萄牙的城市迅速发展,北部的要塞逐渐变成工商业中心;南部的城市如里斯本、布拉加(*Braga*)、拉哥斯等很就早和英国、法国和尼德兰有了商业往来。

此时,葡萄牙已跃升为强国,权衡国力和局势,它有绝佳的机遇,本可发现美洲。当时其他欧洲强权国家,不是忙于内战,就是和邻国展开土地争夺战。葡萄牙地处伊比利亚半岛的西南端,远离欧洲的争斗不息的政治军事中心,西濒深不可测的茫茫大洋,南临神秘莫测的非洲大陆。它背受强邻的高压,前受大洋的吸引,除了向大洋拓展,实在无路可走。特别是,葡萄牙人航海使用的是一种适于远航的快帆船,这种船船体小、易操纵、能逆风而驶,在非洲沿海曾显赫一时,后来哥伦布正是乘这种快帆船发现新大陆的。

15 世纪初,葡萄牙人已经到达非洲西北海岸,1415 年侵占穆斯林商业中心休达(*Ceuta*)。休达原为直布罗陀海峡处摩洛哥境内一块飞地,在阿拉伯人统治时期曾一度繁荣,1415 年被葡萄牙人占领,1580 年转让给西班牙,今天是摩洛哥北部港市。当年葡萄牙夺取此要地被认为是十字军东征的继续。从此以后,葡萄牙几乎每年都从圣芬生湾沿非洲海岸向南探险,以便获得黄金、象牙和奴隶。葡萄牙的亨利亲王(*Prince Henry*, 1394—1460),有"大探险家"之称。他是葡萄牙国王约翰一世与冈特的约翰亲王的女儿菲莉芭之子。他锐意推动航海探险,甚至抛弃豪华

哥伦布的快帆船

的宫廷生活，独自居住在葡萄牙的西南角靠近圣维森提角(*Sao Vicente*)的萨格雷斯半岛，并在那里创办了一所航海研究院，搜罗了一大批意大利、葡萄牙的科学家和技术人才。如著名的制图家犹太人杰胡达•克雷斯克斯就被从马略卡岛请来，加以重用。亨利亲王还派人搜罗欧洲各国的旅行家笔记、海图、天文历书和有关地理发现的手抄资料(如已发现的亚速尔群岛的资料)，以充实研究院的图书馆。哥伦布泅水上岸的拉古什，就是当年亨利亲王的设计师们研究和制造新型船舶的地方，前述的那种可以轻松地调整船体方向、在逆风时作Z字形抢风航行的轻快帆船，也是这些设计师们制造的。

1418年，亨利亲王派遣葡萄牙的两个贵族茹安·冈萨雷斯和特里斯坦·巴斯·泰舍伊尔前往博哈多尔角（*Cabo das Bojeador*），但被风浪吹向一个荒岛，这就是马德拉群岛（*Madeiras*）中的波尔多·圣托岛（又译圣港岛 Porto Santo）；第二年，又派遣他们出去，终于发现了马德拉群岛（*Madeiras*）的本岛。古罗马人和热那亚人都曾发现过该群岛，但未开发移民，因而不久就被人遗忘。亨利亲王重新发现该群岛后，立刻宣布其为葡萄牙的领地，而且将群岛赠给两个发现者并进行移民。其中，马德拉东北部的圣港岛（*Porto Santo*），被亨利亲王特别委任一名原籍意大利皮亚琴察（*Piacenza*）的贵族巴塞罗苗·佩雷斯特雷洛（*Bartolomeo Perestrello*）为总督，此人后来成为了哥伦布的岳父。

葡萄牙人从1418年开始沿非洲北海岸向南推进，但最初进展迟缓，其最大障碍是博哈多尔角（*Cabo das Bojeador*）的险恶和有关的恐怖传说。据说那里激流汹涌，险礁密布，十分凶险。古希腊人说这里是太阳沉没的地方，人到此处，立即被烤成焦炭。1424—1434年的10年中，亨利亲王派出15支探险队，但一到此地，便望而却步，无功而返。1444年，亨利亲王用重金激励冒险家吉尔·埃亚内斯再作一试。埃亚内斯从北部临近博哈多尔海角，但见红色浪涛翻滚，错以为海水沸腾，不敢前往。于是，他冒着大洋风涛之险，向西驶入大洋，绕了一个大圈子，达到该角南端，并未发现异常，终于破除了可怕的迷信，为葡萄牙继续向南推进开辟了道路。1460年，亨利亲王去世时，葡萄牙人已航抵塞拉利昂（*Sierra Leone*）。

亨利亲王根据古代的海图，确信大西洋上还有一连串未发现的岛屿，并把它们与传说中的“圣布伦丹岛”和“七城岛”联系起来。他曾派一些热那亚水手在大西洋寻找神秘的圣布伦丹岛，但水手们于1452年无意中发现了拥有9个岛屿的亚速尔群岛（Azores Is. 北大西洋的一群火山岛）。有些水手曾试图越过亚速尔群岛继续向西航行，但大西洋上的西风很强劲，他们很难战胜这狂风巨浪，不得不中途折返，因而错过了发现新大陆的机会。后来哥伦布之所以成功，除了勇气和技术等因素外，还要归功于他碰巧走上了一条东北信风盛行的纬度带。

葡萄牙国王阿方索五世（1438—1481年在位）考虑到财政困难，便将预定发现的未知海岸，通过签订契约方法租给私人让其出资探险，并授以在发现地的垄断贸易特权。这是“地理大发现”中的一项创举，为以后哥伦布和西班牙国王签订探险条约提供了模式。在哥伦布踏上葡萄牙土地的前两年即1474年，与葡萄牙国王签约探险的里斯本富商费尔南•戈麦斯（*Fermao Gomes*），已完成了对象牙海岸（Ivory Coast，现为共和国，首都阿比让）、黄金海岸（Gold Coast，在西非，19世纪是英国的殖民地，现属加纳共和国）和奴隶海岸（Slave Coast，非洲几内亚湾沿岸低地，在尼日尔河口和沃尔特河口之间，16—18世纪曾是非洲贩卖奴隶主要地区之一）的探险，并跨越了赤道“禁区”。戈麦斯用了15年时间向南探索了非洲西部长达

2000 千米的海岸线。

1481 年，葡萄牙国王阿方索五世（Alfonso Ⅴ，1438—1481 在位）去世，其子若奥二世（*John* Ⅱ）继位。若奥二世向来对远航非洲和天文地理深感兴趣，登基为葡萄牙国王后，立即接手他叔祖父——航海家亨利亲王——的航海探险事业。

由于奥斯曼土耳其人（Osmanli，Turks）于 1453 攻占了君士坦丁堡，控制了由地中海通往中亚的海上交通，当时欧洲人探险的主要目的是如何沿非洲大陆航行，到达盛产香料的亚洲。若奥二世继位时，葡萄牙人的足迹已经达到了几内亚湾内的费南多波岛（*Femando Po*），但他们发现，原先他们以为一直向东延伸的非洲海岸，在几内亚湾深处突然向西和向南折向时，他们心生疑怯，不知这片海岸会延伸到何处，如果沿着非洲海岸到不了亚洲，还有另外的海路可走吗？

若奥二世召开了数学家委员会会议，想深入研究各种由于航海而引起疑虑的问题。此会议由大主教主持，与会者包括学者和星相学家。与会人士共同研究了权威人士的看法：从亚里斯多德到阿拉伯学者，从托勒密到萨克洛包各（Sacrobosco，1190—1250）的天文地理观点。他们讨论的问题包括：大西洋是“狭窄”的吗（并非像传说的那样无边无际而只有 3000 海里宽）？向西航行可以达到亚洲吗？欧亚大陆面积占地球表面的 180 度，只是一个东半球，还是更多一些？可是，讨论来讨论去，他们也没有获得一致结论。

哥伦布跟西班牙学家讨论

之前不久有个叫保罗•德尔•普佐•托斯坎内里(Paolo del Pozzo Toscanelli, 1393—1482)的意大利学者,曾寄信给葡萄牙的朋友费尔南•马丁(*Femao Martins*),并且附了一张他亲手绘制的地图。他在信中说,要前往印度,最近的路线必是由欧洲向西航行。若奥二世一度心动,特许专人领队西航,但向西航行的水手纷纷折回,不敢继续向亚速尔群岛以西行驶,使葡萄牙人始终没有发现美洲。

艳遇和机缘

哥伦布来到里斯本后,在弟弟巴托罗梅开办的制图所工作。弟弟来里斯本已有多年,哥伦布从弟弟那里获得许多宝贵的知识和信息。巴托罗梅是个绘制地图的高手，哥伦布也磨炼出高超的绘图才能，以致后来在新大陆探险时能够用精细的笔触信手绘制出伊斯帕尼奥拉岛北部的略图。

里斯本——远航非洲中心

那时绘制地图的人，都以既有的世界地图为蓝本，再根据旅行家在游记中所提供的材料以及探险家的报告，在旧图上修正和补充。在里斯本可以找到许多地图，意大利文、葡萄牙文、加泰罗尼亚文(*Cataluna*)的都有。为了绘制出最精确的地图，哥伦布虚心向人请教。里斯本人才济济，哥伦布在那里学会了葡萄牙语和卡斯蒂利亚语(*Castile*)，也提高了自己的拉丁文读写水平。

哥伦布在制图所一面制图，一面读书，长进不少。除了制图所的工作外，他也常常从事海上航行，主要是驾船去附近一些岛屿，替商人购买物品或者送货。

1477年2月，他远航到达今天位于北海的冰岛——他沿用托勒密（*Claudius Ptolemaeus*）的叫法，称这个岛为梯莱（*Thile*）。他发现这个岛屿的位置在加那利群岛（*Canarics*）的经线以西，而托勒密等古代亚历山大学院的地理学家们却认为冰岛位于加那利群岛之中。哥伦布猜测，托勒密等这样说，是由于他们把这岛群当作法罗群岛（*Ile Feroe*）了。

这次远航他并未到达新的陆地，然而，他到达了爱尔兰西部。在爱尔兰的高尔韦，他发现两个抱着木头的遇难者：一男一女，女的非常美丽，脸型扁平。他认为这是亚洲人，很可能来自中国，从而促使他认定东方的中国就在大西洋对岸。这表明哥伦布在1477的冰岛之行中已萌发了经西路前往中国的意念。哥伦布的冰岛之行的另一个收获是，他亲身感受到北大西洋的高纬度海域存在着常吹不息的猛烈的西风，常常使帆船逆风难行，如果在大西洋上驾船西行，必须避开高纬度海域，同时只有控帆操舵换向抢风，才能保证船只前进。

哥伦布远航7000多千米到达冰岛的奇异经历，在里斯本热那亚侨民区迅速传开，使他小有名气。一些热那亚商馆聘请他当常驻里斯本的代理人，以商馆代理人的身份，经常到各地收购原料和商品，经营各种有利可图的事业。

这时，哥伦布以崭新的面目出现在公众场合。他身穿暗红色的细丝绒紧身上衣，下着紧身长裤，脚蹬闪亮的深筒黑皮靴，精美的宽腰带上系一柄带鞘的柏柏尔匕首，身披一袭长长的黑呢氅式斗篷。不知底细的人还以为他是一位贵家子弟呢！这时，哥伦布已27岁，身材中上，四肢强壮，满头金发，面色白皙微红，双目炯炯有神。他机敏、善谈，与陌生人打交道时谈吐文雅、和蔼可亲。

一天，他在教堂里偶然和一位姑娘邂逅，这位名叫菲丽帕·莫尼斯（*Dona Filipa Perestrello e Moniz*）的姑娘，温柔娴静，婀娜多姿，有着一双像大海一样的深情的眼睛。姑娘的父亲就是前面提到的那位唐·巴塞罗苗·佩雷斯特雷洛（*Bartolomeo Perestrello*）。此人出身意大利贵族，很有航海才干，一生致力于探险，因参与发现马德拉群岛有功，被亨利亲王任命为马德拉群岛的圣港岛（*Porto Santo*）总督。他带领许多葡萄牙人移居岛上，开荒种地，培植经济作物，每年向葡萄牙王室贡献大量土产，因而被选为里斯本市议员，又获得圣港总督世袭特权，1458年初死于任上，由儿子继总督位，称巴塞罗苗二世（*Bartolomeo* Ⅱ）。菲丽帕的母亲唐娜·伊萨贝尔·莫尼斯，出身于葡萄牙王室家族。当老夫人得知哥伦布是个志向高远且前程无量的海员和商行代理人后，很乐意女儿嫁给他。1478年初，哥伦布和菲丽帕·莫尼斯在教堂举行了婚礼，老夫人将丈夫生前的一批海图和书籍文献送给哥伦布。哥伦布看到一卷卷羊皮纸的精美海图、几大捆梦寐以求的珍贵书籍时，激动不已。这些海图和书籍汇集了亨利亲王时代葡萄牙人探险事业的全部成果，对未来的探险家哥伦布来说，是一笔比黄金还要珍贵的财富。

婚后的生活是幸福的。别看菲丽帕出身名门，却不是那种只有柔情没有理想的贵族小姐。她不愿丈夫老死金雀笼里，而应当斩风劈浪、凌波万里，因为她父亲生前奉守的名言是“唯有勇于探险者才是最有出息的人”。她再也不能容忍哥伦布干那种代理人的勾当了，多次规劝他将那腐蚀人意志的商馆肥缺辞掉。哥伦布也对葡萄牙人取道非洲探索通往东方的航道的缓慢进度深感不满，认为上帝派他临世，就是为了完成别人所不能完成的使命。他立志向岳父学习，在探险事业上有新的发现。在爱情的鼓舞下，哥伦布有了更高的理想，他在事业上有了一个新的起点。为了实现自己的雄心壮志，他像疯子一样钻研岳父留下的书籍，不久，就熟悉了岳父的地图、航海日记等物，全盘掌握了葡萄牙人的探险路线和经验。他还得到了内兄巴塞罗苗二世的帮助，结识了许多上流社会的人物，特别是航海活动的上层人物。

1478年夏天，热那亚“钦图里奥尼”商业银行里斯本分行经纪人交给副手哥伦布一项单独经办的业务，派他去马德里岛的丰沙尔港为热那亚某商行总部采购27600千克蔗糖。这次差使使他有机会接触圣港岛（*Porto Santo*）和马德拉岛这些探索未知世界的前沿阵地，同时也使他亲眼看到葡萄牙人以使用黑奴劳动的大种植园为基础的制糖业，这对他日后在西印度群岛（*the West Indies*）实施殖民管理很有意义。

他携带妻子到那里后，首先去圣港岛会见内兄巴塞罗苗二世总督，总督热情地接待了这门亲戚，并安排他们在圣港岛住下。在日常的闲谈中,哥伦布得知总督不定期地参加葡萄牙宫廷召开的王国海上开拓会议。这位内兄甚至向哥伦布谈到一些机密材料,并取出来让哥伦布看。例如,意大利佛罗伦萨的医师兼宇宙志学者保罗·托斯坎内里的信件的抄件。这封信原是寄给里斯本大教堂的马丁内斯神父的,神父将其上交给若奥王子,信后还附有一幅地图。信中写道,"从这里到生产香料的印度,有一条比几内亚更近的捷径","任何人向西航行,都可以在西方找到那些地方"。哥伦布读了这封信,自然十分激动,使他正在孕育中的向西航行到东方的朦胧想法变得清晰起来。

1478 年底,哥伦布的妻子菲丽帕在圣港岛生下一个男孩,取名笛阿哥(迭戈,Diego)。这个笛阿哥是哥伦布的长子、继承人,后来西印度群岛的第二任海军上将、总督唐·笛阿哥·哥伦布。

向往黄金国

1479 年底,哥伦布辞去了热那亚"钦图里奥尼"商业银行里斯本分行副经纪人的职务,一家人定居马德拉岛丰沙尔城。哥伦布一边做些运输小麦、蔗糖和葡萄酒的生意,一边关注着大西洋上一切奇异的迹象,从而使他心中西航东方的思想日益成熟。

在马德拉岛,哥伦布每天都能听到新发现的消息。哥伦布经常寻找航行到未知海域的水手,详细询问情况。一个名叫马丁•文森特的葡萄牙舵手告诉哥伦布,他曾向圣维森提角(*Sao Vicente*)以西航行了450海里,从海中捞起一块木头,这块雕刻得很精细,但不是用铁器刻的,看来这是刮西风时从西边某些岛上漂过来的。哥伦布的妻妹夫佩德罗•科雷亚也是个探险家,而且一度担任过圣港岛的总督。他对哥伦布说:自己曾在圣港岛的海滩上看到过同样的木块,他还看到一根像大"甘蔗"的粗大"竹筒",每一节能装3升水,他还将"竹筒"拿给国王看过。此外,一个去过亚速群岛西边的弗罗雷斯岛的人告诉哥伦布,他曾看到海上漂来两具尸体,面部扁平很宽,与欧洲人大不一样,哥伦布想到这与他在高尔韦看到的两具尸体完全相同,这些海上遇难者的面部特征与马可•波罗笔下的东方人的面部特征不谋而合。一点一滴的新消息哥伦布都绝不放过,全部记在心上。这对于他来说是一种预兆、一种召唤,东方新世界正在大洋彼岸向他招手。

1482年,探险家迪奥各•卡奥(*Diogo Cam*)到达刚果(*Congo*)。同一年,葡萄牙在现在的加纳(*Ghana*)沿海建立了一座武装城堡,内有塔楼、藏黄金的仓库、小教堂和法庭,四周围以城墙和壕沟,一支精悍的葡萄牙士兵守卫着这个黄金堡垒。人们称此城堡为金矿要塞(*fort de la Mine*)。不久,哥伦布受聘作为一支贸易船队的船长,从里斯本向南航行到几内亚,参观了金矿要塞。他认为,该要塞位于"赤道"以南。哥伦布的亲眼目睹证实这"酷热的"地方是可以住人的,从而打破了许多古代"权威"所说的赤道以南无人的迷信观点。这次长达4000千米以上的远程航行大大提高了哥伦布在大西洋沿岸航海的技术，同时使哥伦布想到："我也可以像葡萄牙人向南航行一样，向西作长距离航行，在这条海路上可能也有陆地。"

他的西航梦想越来越强烈，已经陷入这种遐想中无法自拔了，一天不实现，他就一天不得安宁。能够实现吗？如何实现呢？他急于向高人求教，于是他托人带信给佛罗伦萨的大学者保罗·托斯坎内里。上文说过，他看过托斯坎内里写给马丁内斯神父的信件的复件，知道世上唯有这位学者同他一样坚信从西班牙向西航行到亚洲是可行的。令哥伦布惊喜万分的是，他的信寄出不久，马上收到了回信。这位年过九旬的学者满怀热情地赞扬哥伦布的理想，并盼他早日实现，信后还附上他于1474年给马丁内斯的复信的抄件以及他亲手画的地图。为了了解更多的情况，哥伦布又给托斯坎内里写信。托斯坎内里在第二次复信中，再次强调自己认为西航到亚洲是可行的，甚至预言从西班牙到中国只要航行大约5000海里；信的结语说："我毫不感到惊奇，你是有高超的勇敢精神的，而整个葡萄牙民族在一切伟大事业中又一贯表现杰出，你们一定更加奋发，渴望把上述航海事业付诸实施。"在这几句话里，他把哥伦布看成是葡萄牙人。

哥伦布已有20年的航海生涯，积累了丰富的航行经验，他身上具有优秀的水手、船长和探险家的素质，但他仍然认为自己知识欠缺。要完成一次史无前例的探险，没有广博的知识功底是不行的，于是，从1478年起，他在妻子的鼓励下，利用闲暇刻苦自学，读了近万卷书，所谓“行万里路，读万卷书”的宏大目标，他都实现了。

哥伦布自学攻读的书籍，至今珍藏在西班牙塞维利亚（*Seville*）的“哥伦布图书馆”里，其中有：《马可·波罗游记》（*Relation*，或称 *Narrative*）；法国红衣主教和宇宙志学者皮埃尔·戴利（*Cardinal d'Ailly*，1350—1420）于 1420 年写成的《世界印象》（*Imago Mundi Incipit*，此书汇集了古代和中世纪许多有关宇宙志和地理知识的文献）；人文主义教皇庇护二世（Pius Ⅱ，1458—1464 年在位）著作的《名人丰功伟绩史》（*Historia rerum ubique gestarum*），以及古罗马执政官和博物学家老普林尼（Pliny，公元 23 年—79 年）的《自然史》（*Histoire Naturelle*），等等。

这些书对哥伦布有很大的启迪作用。就拿《马可·波罗游记》一书来说吧，哥伦布读这本书时，在书上做了 264 条批注，心中对书中所说的黄金之国十分向往。马可·波罗是威尼斯一个富商的儿子，在他 17 岁那年，跟随经营贸易的父亲和叔父从威尼斯出发，经过巴勒斯坦、亚美尼亚（位于外高加索南部）、波斯（现称伊朗）等地，到达了蒙古，途中经历了三年多时间。当时的蒙古大汗忽必烈（*Kublai*）很器重他。马可·波罗曾经在元朝当了 17 年的官，游历了中国各地，他所看到的庄严华丽的宫殿、辽阔无垠的国土、租税和法律制度、被用来支付军饷和进行物品买卖的纸币、大元帝国的庞大财富，以及首都燕京的盛况等等，在《马可·波罗游记》都有生动的描述。

书中，对东方国家的富庶作了夸张的描绘：

“……那里有取之不尽的黄金，但是国王却禁止输出，而且因为该地民风很保守，东西交通又极为不便，所以西方的商人也没办法和他们做交易。”

“那里的黄金真是多得不可胜数。统治者所住的宫殿屋顶上都用黄金作瓦，宫殿内的房间和道路铺着厚达4公分的纯金板，窗户是黄金制成，玫瑰色的珍珠也出产得很多，人死了以后，要把珍珠含在嘴里殓葬。此外，宝石的产量也很丰富。”

“如果我能航行到印度（*India*）、中国（震旦，印度对中国的古称）和日本（希盘古，*Cipango*，意大利文日本国*Tchipango*的译音），那里的黄金、珍珠和宝石岂不是唾手可得？”哥伦布想。黄金梦是他西航探险的主要动机。

不只是哥伦布，当时整个欧洲都为东方所具有的高度文明所眩惑：辗转传入欧洲的香料、水果、丝绸和地毯、银器、瓷器等等令人垂涎的物品；香料和胡椒的价值几乎和同样重量的金银相等。从亚洲回来的商人带回许多加以渲染的故事，以致欧洲人渐渐相信，东方真有用金子做屋顶的房子，有用香料熏染的空气，有使人永葆青春的泉水，有在街上就可以拾到珍珠的城市……到东方去！这成了欧洲人家传户诵的梦想，哥伦布不过是无数着迷者的一个。

与众不同的是，他打算身体力行，不达目的誓不罢休。

哥伦布读的书，除了上面列举的外还有很多，这些书是古代和中世纪至文艺复兴初期欧洲人宇宙观念和地理知识的总汇，其中不乏真知灼见，如认为大地是圆球形的。当时欧洲每一所大学在讲授地理课时，大都宣讲地圆说；海员们也都能根据在大海上观看远处来船时，先见船桅后见船身的现象，断定地球表面的圆弧度。相信地圆说是哥伦布远航的出发点。“极西就是东，一直向西航行，就可以到达东方国家。”这是哥伦布从他读的书本中获得的最正确的观念。

但是，由于人类的视野受到时代的局限，哥伦布读的书中也有一些不完善的知识。例如，托勒密（*Ptolemy*）于公元 150 年写的 8 卷本《地理学指南》就认为地球上只有一个大西洋，它既在欧非大陆的西边，又在亚洲大陆的东边，因为作者不知道有太平洋；古希腊的大学者亚里斯多德认为，从西方尽头到东方印度之间，存在一个只需要少数日子就可以通过的小海；以色列的“先知”以赛亚（Isaiah，约公元前 8 世纪）说，地球上有 6 个部分适合人居住，有一个部分全是水；红衣主教戴利依据上古先哲的说法，在他写成的《世界印象》中说，欧洲和亚洲是向两边延伸的“宽阔的”陆地，大西洋不过是“狭窄而短小的”海洋。哥伦布根据以上圣人和大师提供的不正确的地理知识，凭着自己的主观愿望，错误地推导出从欧洲的加那利群岛向西航行到日本的水上距离是 4400 多千米，大约等于从里斯本到几内亚的实际距离。哥伦布既然曾从里斯本到几内亚做过多次航行，那么他认为自己从加那利群岛向西航行这么长的距离也完全是可能的。

我们现代人知道，从加那利群岛到日本的空间直线距离长达10600千米，如果到中国杭州（马克·波罗称其为“行在”）则有11766千米。从加那利向西航行4400千米，大约只处在维尔京群岛（Virgin Islands，西印度群岛中的小岛群，现属英美管辖，位于西经64度，北纬18度）的经度线上。哥伦布的计算，等于将实际情况中的中国搬到了今天美国的位置上了，这的确是个极大的错误！然而，正是这个错误，给哥伦布带来了坚定的信念和巨大的勇气，鼓舞了他的大胆冒险精神，推动着他去建树震惊世界的丰功伟绩。所以，18世纪法国著名的地理学家让·巴蒂斯塔·安维尔（1697—1782）十分精彩地写道：“哥伦布的一个极大的错误导致了一次极其伟大的发现。”

向若奥二世开口要钱和船

1484年，迪奥各·卡奥发现了刚果河（*Congo River*）口，声称是非洲的最南端（但以后证明并非如此），并立柱纪念。卡奥回里斯本后，若奥二世称卡奥为王国的英雄，封他为骑士，赐以贵族“唐”的称号。哥伦布作为一个默默无闻的旁观者，心里不无羡慕之情，但他随即充满自信地想：“我将做出比发现几内亚湾和刚果河口更伟大的发现。”他这样想是有理由的，因为这时他心中的向西航行到达东方的“印度产业”（*India's Industrial*）计划已臻成熟。

这时，哥伦布已经策划出一套非常完整的向西航行到印度的方案。他的灵感来自多方面。首先来自妻子菲丽帕的父亲留下的大量资料，包括海图、洋流表、与水手私自谈话的记录、西方漂浮物的故事、为亨利亲王所做的航海日志和表格等；其次来自他与葡萄牙的热那亚行会的联系，受其雇用带着认识大西洋的目的去非洲航行，从而掌握了加那利海流的知识，他选择应从这个位置起航。他的想法还来自有关北欧海盗维京人（*Viking*）跨越北大西洋一个又一个岛屿的传说，使他相信大西洋远方布满了岛屿。他梦想成为印度、中国（震旦）、日本（希盘古）等所有土地的总督，成为全世界领地最大、最富有的王者，因此他把这个方案称为一项产业——“印度产业”。

于是，在1484年的秋冬之际，多亏朋友——天文学家拜海疏通渠道，哥伦布才得以进入葡萄牙宫廷，毛遂自荐，正式向葡萄牙国王若奥二世提出了他的西航东方的“印度产业”计划。若奥二世并不是一个平庸的国王，他具有进取精神，也相当开明，一心要推动他的叔祖父开创的航海事业。当时葡萄牙的探险家已经到达赤道以南，固看不见北极星需要寻找新的方法来确定赤道南部的纬度。为此，若奥二世特地成立了一个“数学委员会”（前已述及），专门研究赤道南部纬度的测量问题，并处理有关航海事宜。这个委员会也讨论了向西航行的问题，若奥二世便将哥伦布的计划交给这个委员会审议。经过7个月的反复计算，委员会不相信哥伦布所估计的东西方的水上距离。他们说，如果大西洋的宽度只有4000多千米，而且只需航行40天就可到达印度，那为什么自古以来世界各国的航海高手没有一个人能够完成这样的旅行呢？他们认为哥伦布的想法是荒谬的，因而否定了他的方案。

哥伦布得知他的方案被否决以后，十分失望。后来他获悉，若奥二世受到里斯本排斥热那亚人的思潮影响，以要价太高为借口甩掉了他，决定委托葡萄牙人自己干。对此，哥伦布更气愤了。他再次去葡萄牙宫廷，面对葡萄牙的国王和政府大员，为自己索价太高一事提出辩解：他这项探险太重要了——他要找到新的大陆，然后用基督教统一世界，这是上帝赋予他的使命，无论遇到什么困难，他的信念始终坚定不移。事实上，他只要求国王提供三条船，如果探险成功，请求赐予他“海军上将（*Almirante Mayor de la Mar*）”的世袭职衔和新大陆的世袭总督（*Virrey*）职位，给予他收益分成的权利，并封他为骑士，授予“唐（*don*）”的贵族称号，这样的封赏在葡萄牙历史上是有例可援的，而葡萄牙因此将得到无数的宝藏和整个新大陆。为了这项有史以来最重要的探险事业，这样的索价一点也不算高。但若奥二世和其他大员对他的辩解置若罔闻，仍旧把他当成是无比贪婪的空谈家、牛皮大王，对他的要求一口拒绝。

若奥二世拒绝哥伦布，有他自己的算盘。当他还是一个王子的时候，对西航一事就发生过兴趣。他也曾派人向托斯坎内里索取信件和地图，并且向一个名叫特利斯的贵族颁发特许状，允许他去发现和统治几内亚以西大西洋中任何一个岛屿。特利斯的船队在大西洋上转悠了许久，没有任何结果。若奥二世也记得，15 世纪 70 年代初期，他父亲阿方索五世在位时，曾请求丹麦丹麦（*Denmark*）和挪威（*Norway*）的国王克里蒂安一世派海军上将或其他高官向西进行了两次侦察航行，参加航行的有葡萄牙的代表，可是没有任何新发现。屡次的西航探险失败说明这是无益之举，而对非洲海岸的探险却颇有成就。专家估计，即使刚果河口不是非洲的最南端，但只要坚持继续向南航行，离发现最南端陆地的日子已不远了（1488年初巴托罗缪·迪亚士 *Bartolomeu Dias* 终于发现了好望角）。那时就可绕过非洲到达印度了，何必再耗费财力向西探寻那虚无飘渺的岛屿呢？此外，若奥二世还记得，1481年，他登上王位不久，里斯本的议会就吁请他驱逐热那亚的水手和商人，以防止这些外国人窃取航海探险的机密，抢在葡萄牙人之前成功。可这次如果他从国库拿出这么多钱资助一个热那亚冒险家远航，议会不大声指责他才怪呢！因此，若奥二世决定，即使要干这件事，也只能找个葡萄牙人自费去干，不管成功与否，他做国王的都没有责任。

若奥二世立即找来一个常驻亚速尔群岛的葡萄牙籍探险家杜尔莫，由他自筹经费去执行哥伦布的计划，即向西航行40天，不管结果如何即可返回，发现的任何岛屿和土地全都作为王室的礼品赐予他享有；如果成功，葡王还承诺授予他适当的荣誉头衔。杜尔莫感到不能胜任，国王又命令马德拉岛的一位探险家与他合作。若奥二世还鼓励他们说：“登陆以后，如遇暴力抵抗，王家可派海军舰队支援。”即使这样，杜尔莫仍感到为难，一直拖到1487年3月1日，船队才从亚速尔群岛的基地向西起航。不久，猛烈的西风顶头而来，使他们的帆船失控，在波涛中打转，最后不得不掉头而归。他们失败的原因主要在于起航点选错，以致不得不沿高纬度顶着西风前进。若奥二世选中杜尔莫，放弃哥伦布，缺乏辨识英雄的慧眼，算不上明君。

这下子却苦了哥伦布，他为筹备远航已经债台高筑，接着，与他命运与共的妻子菲丽帕也因贫病交加而死去。他举债为身为贵族的妻子治丧，将她埋葬在里斯本卡莫教堂的墓地里。此时他听到杜尔莫即将出海的消息，便与弟弟巴托罗梅商量，兄弟俩决定赶在杜尔莫动身前去西班牙寻求支持。

冒险向卡斯蒂利亚提出计划

哥伦布离开葡萄牙后，踏上了现在西班牙的土地，但当时的西班牙就是卡斯蒂利亚王国。

上文已说过，在“收复失地运动”中，伊比利亚半岛上兴起三个基督教的王国：卡斯蒂利亚、阿拉冈和葡萄牙。卡斯蒂利亚（*Castile*）发源于西班牙西北部的阿斯图里亚斯（*Asturias*），从 8 至 9 世纪即不断扩张，10 世纪初向南进到莱昂城（*Leon*）形成莱昂王国。10 世纪后期至 11 世纪初，西班牙人继续南进，构筑了堡垒，步步为营。当到达杜罗河流域时，收复的土地上已经堡垒林立，因此新的国家称为卡斯蒂利亚，意即“堡垒”。1230 年，莱昂和卡斯蒂利亚合并，称为卡斯蒂利亚和莱昂王国(*Kingdom of Castile and Leon*)，简称卡斯蒂利亚。阿拉冈(*Aragon*)发源于东北部的西班牙边区。这个边区在查理大帝帝国崩溃后独立，不久就分裂出阿拉冈王国、巴塞罗那伯国(*Barcelona*)和那瓦尔王国(*Nawarre*)。阿拉冈和巴塞罗那从阿拉伯人手中夺回要地萨拉戈萨城(*Zaragoza*)。公元 1137 年，两国合并为阿拉冈王国(*Kingdom of Aragon*)。在新兴的三个基督教王国中，以卡斯蒂利亚的国力最强。阿拉冈一心想夺取西地中海的霸权，葡萄牙则全力向非洲沿岸探险。卡斯蒂利亚是内陆国，所以，从 13 世纪中叶起，收复失地的主要任务落到了卡斯蒂利亚王国身上。该国国王费尔迪南德三世(*Ferdinand* Ⅲ，1217—1252 年在位)于 1236 年征服了穆斯林的繁华大城科尔多瓦(*Cordova*，该城是阿拉伯人在比利牛斯半岛上于公元 929 年建立的哈里发国家的首都，有大学和学校 27 所，还有规模很大的图书馆，医学、数学、地理学都很发达。西欧很多国家都派人到科尔多瓦留学，把许多希腊古典著作的阿拉伯文译本带回本国，再译成拉丁文)，1243 年征服了穆尔西亚(*Murcia*)，1248 年又征服了地中海岸边的卡塔赫拉(*Cartagena*，古称新迦太基)和安达卢西亚(*Andalucia*)的大城塞维利亚(*Seville*)。阿拉冈和葡萄牙也积极作战。阿拉冈占领了瓦伦西亚(*Walachia*)和巴利阿利群岛(*Baleares*)；葡萄牙也向南进展，到达瓜的亚纳河(*Guadiana*)口。这样，除了最南边的格勒纳德王国(*Kingdom of Grenade*)还在摩尔人手中外，伊比利亚半岛全境都控制在基督徒手中了。由于卡斯蒂利亚国王费尔迪南德三世在恢复失地、驱逐异教徒方面的功绩，他被天主教会谥为“圣徒”。哥伦布对这位卡斯蒂利亚的圣徒十分敬仰，他发现新大陆途中，常说“以圣费尔迪南德的名义起誓”，指的就是费尔迪南德三世。由于半岛南端的穆斯林还在作最后的奋勇抵抗，自 13 世纪中叶后，双方进入一个长达 200 年的相持阶段。

哥伦布来到现在西班牙境内的前几年，卡斯蒂利亚王国已相当强大，有兼并其他王国、统一整个伊比利亚半岛之势，但其国王恩里克四世（*Henrigue* Ⅳ，1454—1474 年在位）懦弱无能，外号“无生育能力者”，其王后是葡萄牙国王阿丰索五世之妹，因此他受葡萄牙的左右而无所作为。他想立王后的私生女胡安娜（*Juana*，1462—1530）为王位继承人，遭到卡斯蒂利亚贵族的坚决反对。他们一致拥戴王的同父异母的妹妹伊莎贝拉（*Isabelle*，1451—1504），并迫使国王立她为继承人。

伊莎贝拉画像

恩里克四世的妹妹伊莎贝拉是一位引人注目的漂亮女人。她仪态优雅庄重，和蔼可亲，待人处事非常机智得体。1469 年，伊莎贝拉与阿拉冈国王的儿子斐迪南结婚，这是一项政治联姻，通过婚姻形式可以不流血地将阿拉冈兼并到卡斯蒂利亚王国的领土内，也就是两国合并为一国。婚约规定，斐迪南必须住在卡斯蒂利亚，不经伊莎贝拉同意不得出境，不得干涉卡斯蒂利亚的朝政，卡斯蒂利亚的城市和军事要塞只对伊莎贝拉一人宣誓效忠。1474 年，恩里克四世驾崩，伊莎贝拉登基成为卡斯蒂利亚王国的女王，实现了把卡斯蒂利亚和阿拉冈统一成为现代的西班牙的第一步。这项婚姻孕育出一个欧洲最强大的国家。对此，葡萄牙深感势危，其国王阿丰索五世起兵干涉，入侵卡斯蒂利亚，被斐迪南带兵击败。

当哥伦布前去觐见伊莎贝拉时，她与丈夫斐迪南统治西班牙已经 12 年。由于西班牙内部问题繁多复杂，需要强有力的国王来治理，而伊莎贝拉和斐迪南相互配合，把国家治理得井井有条，西班牙人尊称他们夫妻俩为“双王”。

但是，所谓统一的西班牙王国不过是一个松散的联邦，各个王国都保留着自己的国会、政体、法律、法院、军队、税制和货币，不受其他王国支配。但在卡斯蒂利亚王国，斐迪南被礼仪性地称为“国王”，伊莎贝拉则称“女王”。在 1480 年，卡斯蒂利亚和阿拉冈才有了一个共同机构，这就是“帕伦西宗教裁判所（*Inquisition of Palencia*）”。

宗教裁判所惩罚任何一个偏离罗马天主教教义的人。西班牙的宗教裁判所以残忍著名，他们使用酷刑迫其忏悔，有罪者常常被活活烧死，还常常以“莫须有”的罪名将许多皈依的犹太人（*Jews*）和摩尔人（*Moor*）拖上火刑柱，化为一道青烟。在 1483—1498 这短短的 15 年内，西班牙有10万人遭到审讯，9000人被烧死，他们的财产全都被没收进入国库。

当时，关于大西洋的那边可能还有陆地的说法，不断萦绕在哥伦布的脑际，资料搜集得愈多，他的这种信念就愈强烈。他坚信只要一直往西航行就能到达东方，由此推论地球毫无疑问应是圆的。地圆说和天主教教义有明显的抵触，天主教的《圣经·创世纪》说地球是平的。如《旧约圣经（*Old Testament*）·创世纪》说：宇宙像一所房屋，地球就是地板，穹苍就是天花板；6世纪的埃及修道僧考司玛斯把宇宙说成是具有两层的密封盒子，人类居住在下层，天花板上悬挂着日月星辰，天使们居住在上层，推动日月星辰运转；有些大主教坚持说，圣经（*Bible*）从未提及亚当（*Adam*，基督教认为他是人类的始祖）还有其他后裔，因此大地的另一面不可能有人类，等等。如果哥伦布在此地宫廷中公开宣扬地圆说，会不会被那些大主教们送往宗教裁判所呢？所以，他向卡斯蒂利亚王国提出自己的计划，实在是冒险之举。

通天的阶梯

哥伦布带着他5岁的孩子笛阿哥（迭戈，Diego，）从葡萄牙里斯本出发，抵达西班牙安达卢西亚地区的帕洛斯港（*Palos de La Frontera*），目的是向西班牙卡斯蒂利亚国王提出他的“印度产业（向西航行到达东方的印度）”计划。当他乘坐的船经过西班牙廷托河畔拉比达修道院（La Rabida Monastery，一所方济各会 Franciscan Order 修道院，离帕洛斯港 6 千米左右）时，获得一位好心的修士（*Franciscan*）的帮助，同意他的儿子留在修道院寄养。

事情的经过是这样的。当时哥伦布形同乞丐，小笛阿哥瘦骨伶仃，又饥又饿，哥伦布只好低声下气，向这家修道院的守门人乞讨一些面包和水。守门人见他们父子俩实在可怜，就满足了他们的要求。恰好这时该修道院院长胡安•佩雷斯（*Juan Perez*）从一旁走过，见哥伦布相貌不凡，知道他是英雄落难，便问他为何在此。哥伦布答说，他是热内亚水手，有一番抱负，因遇海难，落入伊比利亚半岛，不幸妻子又在葡萄牙亡故，只好来西班牙闯荡，但身无分文，带着这个小孩很不方便，想找一个地方寄养，自己赚了钱后再来报答收养小孩之恩。

中世纪的修道院是神学家、哲学家藏身之地，其中偶尔还有占星家、宇宙志学者和天文学家出入，这位胡安•佩雷斯院长就是一个德行高尚、学问精深的人，通过一番对答，他知道哥伦布的知识相当广博，头脑聪明，年龄还轻，今后定有出头之日。便答应收养小笛阿哥。

这是哥伦布初次得到方济各会的修士们的帮助，后来方济各会的修士们（以胡安•佩雷斯为代表）继续帮助他，直到他西航成功，最后哥伦布本人也皈依了方济各会。为什么哥伦布每次在事业的关键性时刻都能得到方济各会的帮助呢？基督教在哥伦布的西航事业中起什么作用呢？这和基督教的教义和方济各会的宗旨有关。

基督教（*Christianity*）是奉耶稣基督为救世主的宗教，包括天主教（*Catholicism*）、正教（*Orthodoxy*）、新教（*Protestantism*）等教派，与佛教（*Buddhism*）、伊斯兰教（*Islamism*）并称为世界三大宗教。

公元1世纪，基督教起源于巴勒斯坦，逐渐流传于罗马帝国全境。4世纪时，罗马帝国将基督教定为国教。1054年东西教会大分裂，东部自称正教（东正教 *Orthodoxy*），西部自称公教（天主教 *Catholicism*）。哥伦布所在的西班牙在欧洲的最西部，所以信仰天主教。16世纪时，西部教会又分化出脱离天主教的"新教（*Protestantism*）"。但哥伦布生活的时代"新教"还没有产生，当时的欧洲西部国家一律信奉天主教。

基督教信仰上帝（*God*，即天主）创造并主宰世界，认为人类从始祖起就犯了罪，并在罪中受苦，只有信仰上帝及其儿子耶稣基督才能获救。耶稣本是一个凡人，于1世纪初出生于巴勒斯坦，因传教被罗马官员钉在十字架上处死 是基督教的第一个殉教者。但基督教教义认为，耶稣（*Jesus*）是神，他是上帝差遣到世上来的救世主，即基督（*Christ*），是童贞女玛丽亚（圣母玛丽亚 *Virgin Mary*）所生。基督为人代死而使人类和上帝重新和好，人类终将身体复活且基督将以肉身再次降临人世。

公元3至5世纪，产生了以苦身修行为宗旨、隐居独处为特征的基督教修会，称隐修修会（*hermit order*）。隐修修士遁迹深山旷野，或在隐修院（*monastery*）内，专事内心修养，过着隐居独处的苦修生活。从 13 世纪开始，天主教修会中产生了一种“托钵修会”。此种修会规定不置恒产，修士以托钵乞食为生。活动范围和隐修修会不同，隐修修会主要在隐修院内活动，而托钵修会则渗入各阶层。

方济各会是天主教托钵修会之一，1209 年由意大利人方济各获得教皇批准而创立。创始人方济各（1181—1226，又译“法兰西斯”），生于意大利阿西西（*Assisi*），呢绒商人之子。1205 年起，他与三名友人以组织新修会为号召，身穿粗布长袍，手持乞食钵，赤足前往法兰西、西班牙、埃及等地劝人参加；1200 年获教皇英诺森三世批准，成立“方济各托钵修会”，规定修士自称“小兄弟”，麻衣赤足，步行各地宣传“清贫福音”，提倡过安贫、节欲的苦行生活。

给哥伦布伸出援手的方济各会修道院院长胡安•佩雷斯是个模范的方济各会修士。此时的方济各会已积累了相当恒产，不必乞食为生，但他做为一个方济各会修士，过的仍是一种节欲的苦修生活，却常常济贫扶危、帮困助人。他与哥伦布素昧平生，竟一见如故不嫌麻烦，一口答应领养他的小孩，显露出方济各修士的高尚品德。

哥伦布自从得到方济各会的无私帮助后，也深受方济各会教义的感化，决心做一个虔诚的基督徒，立志西航探险，寻求财富，装备新的十字军，夺回耶稣诞生的圣地巴勒斯坦，使基督徒都有去耶路撒冷瞻仰圣墓（*Holy Sepulchre*）的方便和自由。而他为此目的，到处申请资助，不惜降低身价，具有早期的方济各修士托钵乞食的遗风。

寄养了小笛阿哥，哥伦布便直奔韦尔瓦（Hueva，西班牙西南部靠近加的斯湾的城市，临近葡萄牙边境，初由迦太基人所建，后处于罗马殖民统治下，罗马人修建的供水渠道，至今仍在使用），投奔他亡妻的两个姐妹——维奥兰（*Violante*）和依秀（*Iseu*）。维奥兰的丈夫叫米凯尔·缪利雅（*Miguel Mulyart*），依秀的丈夫叫贝特鲁·克拉（*Pedro Correa*），都出身当地的名门望族。这些有势力的亲戚介绍他认识了一些当地的上等人家，使他能一步步地登上了“通天”的阶梯。

有一天，哥伦布的连襟缪利雅（又译为莫尔阿特）眉开眼笑地告诉哥伦布说：“经过一番打听，原来替你收养小笛阿哥的佩雷斯院长不是一个小人物，他很有来历，几乎认识西班牙所有的大贵族和大学者，而且曾当过当今女王伊莎贝拉的忏悔神父。你可以向他求助，说不定他能帮你实现西航（向西航行达到东方）的梦想呢！”

哥伦布听了喜出望外，立刻又去拜见佩雷斯，把自己的“印度产业”计划（向西航行达到东方印度）和盘托出，又把他在葡萄牙碰壁的经过一五一十地告诉了他。这位院长待他十分客气，而且耐心而仔细地听完他的叙述，心中立刻有了主意，便徐徐地对哥伦布说：

“你这项通往印度的西航计划，确实很有见地。不过，西班牙现在正和伊斯兰教徒打仗，可能没办法立刻派出探险船队。你放心，我会尽力帮助你实现这项计划的。”

接着，这位院长又以另一种话题来试探哥伦布，他说：

“人们都向往东方的黄金、珍珠和贵重的香料，不惜冒险前往寻求。圣经上告诉我们，人，不仅仅是为了面包而生存，真正的基督徒应该把财宝积聚在天国，不应该一味地追求地上的财宝。耶稣曾经说过，富人要进天国，比骆驼穿过针孔还要难，我相信你是懂得这层道理的。我希望你的动机，不是为了东方的财宝。”

哥伦布深受感动地回答说：

“你老人家说得极是，我的这项计划，是基于另一种信念和心愿，绝不是仅仅为了东方的财宝而动心。我认为世界是一个整体，都是神所创造的，所有的人类都如手如足、如兄如弟，都应该和睦相处、互助互爱，这样才能幸福。对那些东方的异教徒，或是尚未开化的民族，传播耶稣基督的福音，使他们都能获得正确的信仰，以拯救他们的灵魂，这就是我唯一的愿望。为了达成这一心愿，我不知道经历了多少艰危困阻和冷嘲热讽。有人讥评我是疯子，有人骂我是想发洋财的投机分子。可是，我始终坚定信念，奋斗不懈。如今弄得一贫如洗，形同乞丐，但我仍然要奋斗，不达目的，决不终止。我纵使得到了黄金、珍宝，也不是只图个人的荣华和享受。最近，听说伊斯兰教徒在圣地耶路撒冷，破坏耶稣的墓地，残杀基督教徒，实在令人气愤！假使我能获得东方的黄金、珍宝，就可以效法过去的十字军东征，把信仰坚定的基督徒组织成一支军队，去保护耶稣的坟墓及被迫害的基督徒。我相信在天之父——耶稣基督，一定会助我完成这一理想和心愿的。我是被主选定的人，对于这一点，我一直深信不疑。过去我曾被人认为疯狂，被讥为梦想发财的投机分子，受尽欺凌和侮辱，我都不予计较。如今我孑然一身，形同乞丐，到处流浪，但心中的信念依然丝毫没有动摇。为什么？就是坚定的信仰在支持我，对世俗的讥评和打击我绝不介意。”

哥伦布的这一席话，说得铿锵有力，洋溢着无限的热情，炯炯有神的目光使听者不由得动容。

佩雷斯院长一方面受哥伦布的真诚所感动，另一方面以他自己所具备的航海知识来判断哥伦布的理想，相信哥伦布不是痴人说梦，于是，决心全力相助。

他立刻写了一封信给自己的心腹朋友、塞维利亚教区圣物总管弗雷·安东尼奥·德·马歇纳（*Antonio de Marchena*）神父。这神父是个星象家，天文学家，在贵族中很有影响。佩雷斯在信中向自己的朋友大力推荐哥伦布，请他帮助哥伦布。他把信交给哥伦布后，又派人护送他去塞维利亚面见马歇纳。

哥伦布见到马歇纳后，没谈几句话，两人就成了心腹知己，都感到相见恨晚。马歇纳断定哥伦布日后必有大作为，承诺对他予以全力支持。后来，哥伦布写信给西班牙国王，描述他和马歇纳的友谊说：“在卡斯蒂利亚的头7年里，除了上帝和马歇纳修士之外，没有其他人如此全心全意来支持我。”由此见马歇纳对哥伦布的帮助已到了无以复加的程度。

另一方面，佩雷斯神父把哥伦布的计划向帕洛斯的居民传播。当地一些有头有脸的人士听到这个消息，都相继前来拜访哥伦布，热情地听他的演说。其中有一位是韦尔瓦的医生加西亚•费尔南德斯(*Garcia Fernandez*),乃业余天文学家。此人对哥伦布十分赏识,把他的谈话详细地记录下来,日后写进回忆录里,成了最珍贵的原始资料。

接着,马歇纳多次到修道院里和佩雷斯商量如何帮助哥伦布。他们本来打算立即让哥伦布进宫晋见双王,但转念一想,双王虽然驻跸于距此不远的科尔多瓦,但他们正忙于前线的用兵大事。为避免唐突求见将事情弄糟,两人决定先联名向塞维利亚本地的一位富可敌国的公爵写推荐信,凭此人的财力,不费吹灰之力即可装备一支远洋探险的船队。此人就是梅梯纳—西多尼阿公爵(*Medina—Sidonia*),又名唐•恩里克•德•古斯曼,是西班牙的高级贵族,国王手下最豪富的大臣,出身西班牙首富古斯曼家族,拥有当时西班牙最为繁荣的地区——安达卢西亚(*Andalucia*)以及圣卢卡尔(*Sanlucar*)港口周围广大的富庶领地,并经营造船业和航海贸易,因而具有承担"西航到达东方完成地理大发现"的经费的能力。

于是,哥伦布带着两位修士的推荐信来到公爵府邸,见到公爵后就滔滔不绝地谈起"印度产业"计划来,但这位大公爵傲慢地说:"什么印度?我的印度就在安达卢西亚!"但经不住哥伦布反复述说西航的好处,公爵终于受到东方的黄金、香料、珍珠和宝石引诱,同意为哥伦布提供一支船队去寻找印度。

但是平地起风波,正在这时,大公爵和女王的宠臣加的斯侯爵因争夺势力范围发生了冲突,女王下令将他调离塞维利亚,剥夺了他对安达卢西亚财富的垄断权,目的在于削弱古斯曼家族的势力。大公爵从此失势，财富大打折扣，不得不中断了他和哥伦布的合作，哥伦布本来满怀希望顿成泡影。

一次求财失败，支持者给他另辟财路。1485年秋，哥伦布带着修士们的推荐信，前往加的斯亚湾（*Bahia de Cadiz*，濒临大西洋，位于比利牛斯半岛西南岸，有港口加的斯），转求圣玛丽亚港（*Santa Maria*）的行政长官梅梯纳塞利伯爵（*Luis de Medinaceli*）的支持。这人又名唐•路易斯•德•拉•塞尔达，当时还是伯爵，几年以后就升格为公爵。据说他是卡斯蒂利亚王族的后裔，因此深得女王的信任。

当哥伦布向梅梯纳塞利陈述了“印度产业”计划后，这位未来的公爵非常赞赏哥伦布的胆识，当即决定资助他的事业。他将哥伦布从1485年秋天一直留住到1486年初，提供食宿，待如上宾，哥伦布要什么就给什么，又拿出了一笔巨款以建造3艘帆船，准备了一年多的食物，配备了海员和其他一切必需的东西，不久造好的船已经驶入圣玛丽港造船厂的河里。看来，万事俱备，只欠东风，等公爵一声号令，哥伦布就可出航实现自己的梦想了。

可是好事多磨，后来有人向公爵提醒，除了国王，他作为公爵是没有权力授予哥伦布“海军上将”的职衔的；他也没有权力赐予哥伦布贵族称号；而且，君主们是不会容忍其臣民去独立发现和占有新的领地的。梅梯纳塞利公爵经过一番深思熟虑之后，觉得这样重大的事情还是以取得女王的同意才为良策。于是，1485年12月，梅梯纳塞利公爵就哥伦布的西航计划给伊莎贝拉女王写了一封报告信，派人送到双王的驻地科尔多瓦。信中说："一个叫哥伦布的人求见两位陛下。他打算要3条船向西航行，去发现大洋彼岸的岛屿和陆地，为卡斯蒂利亚王国增添领地，为两位陛下增添荣誉。他从葡萄牙来，还想到法国去。"

国王夫妇正准备从科尔多瓦启程去马德里过冬，伊莎贝拉女王看完信件后，自言自语地说："领地，荣誉，当然都不能送给法国人！"她随即写了一封简短的回信交与信使，命令梅梯纳塞利公爵将哥伦布送到科尔多瓦来等着，并说她明年春天回来就会找哥伦布面谈，听听他的想法。

1486年1月，梅梯纳塞利公爵按照女王陛下的命令，亲自将哥伦布送到了科尔多瓦，拜托女王的大司库阿隆索•德•金塔尼利亚（*Alonso de Quintanilla*）安排他的食宿，金塔尼利亚请哥伦布住在他的家里，优礼有加。

1486年1月20日，金塔尼利亚将哥伦布带到了王家的枢密院。哥伦布向枢密院呈递了自己的向西航行到达东方的计划。金塔尼利亚还将哥伦布推荐给托雷多（*Tolede*）的大主教冈萨雷斯•德•门多萨（*Pedro Gonzalez de Mendoza*）。此人为西班牙红衣主教、卡斯蒂利亚王国政府的首席大臣，又是托雷多的大主教，人称第三国王。他向哥伦布仔细询问了西航方案的种种细节后表示，这些想法和推论与《圣经》并不矛盾，因为《圣经》预言还有"新天新地"有待发现。言下之意，他赞赏哥伦布的才智和胆略。因此，哥伦布将1486年1月20日这一天当作他为卡斯蒂利亚王室服务的开始。

在等待国王和王后接见期间，哥伦布认识了一名西班牙女子比阿特丽丝•恩里克斯•德哈腊纳（*Beatriz Henriquez de Harana*，约 1467—1520）。

自从第一任妻子菲丽帕去世后，哥伦布已经过了好几年单身生活。当年哥伦布已 35 岁。

哥伦布遇见比阿特丽丝的地点是在她母亲的堂兄弟罗德里戈•恩里克斯•德•哈腊纳的家里。比阿特丽丝是个孤女，自幼父母双亡，由住在科尔多瓦、操酿酒生意的堂舅收养，并改从了堂舅的姓氏哈腊纳。

堂舅德•哈腊纳有个儿子名叫迭戈•德哈腊纳，常常在一个名叫莱奥纳多•德•埃斯瓦拉亚的热那亚人家中作客。

莱奥纳多在科尔多瓦城耶罗港（*Hierro*）附近开了一家药店，因是同乡，哥伦布也常去这个店内小坐，而且在那儿交上了一批朋友，有内科和外科医生、业余的天文学家等，其中有些后来参加了哥伦布的西航。这批朋友中就有迭戈•德哈腊纳。后来，迭戈•德哈腊纳是哥伦布首航旗舰上的消防长官。

当年迭戈•德哈腊纳结识哥伦布后，两人很谈得来，就请哥伦布到他家里做客，因为他家离药店不远。哥伦布答应了，没想到在此遇见德哈腊纳的堂表妹也就是比阿特丽丝。两人一见钟情。比阿特丽丝年仅二十。后人对她的身世说法不一，但有一点可以肯定：她并非贵族出身，父亲是农民。哥伦布此时走投无路，这桩爱情给他带来安慰。1488 年 8 月 15 日，哥伦布又得一子，取名费尔迪南德（*Ferdinand*），用的是西班牙圣徒费尔迪南德三世的名字。然而，哥伦布最终并没有娶比阿特丽丝，原因不详。哥伦布去世前，把比阿特丽丝托付给长子笛阿哥（迭戈，Diego，），并给了她一笔钱。他说自己有愧，却不能用文字来说明缘由。可能是他加入了方济各会的第三会（*Tiers ordre de Saint Francois*），为了修行不得不这么做——哥伦布在晚年确实持守苦修生活。

天主教方济各会又译法兰西斯派，托钵修会之一，其创立者名叫圣•阿西西的方济各（Francis of Assissi，Saint 1181—1226），是一个意大利修士。方济各会的宗旨上文已经讲过，这原本是一个提倡过安贫、节欲的苦修生活的修会，修士们穿粗布长袍，手持乞食钵，到处乞讨，从中宣讲“清贫福音”。哥伦布一生多次获得方济各会的帮助，他的行为和处世也深受方济各会的影响。他从此节欲苦修，不惧危难，冒险西航，寻求财富奉献给他所服务的国家和教会。为了这项事业，他不再结婚，但这样却冷落了比阿特丽丝，爱情和事业无法兼顾。

1486 年 4 月，多亏红衣主教冈萨雷斯•德•门多萨的大力推荐，哥伦布终于在科尔多瓦王城见到了女王伊莎贝拉和国王斐迪南。那时，王后和国王集中精力要收复格勒纳德（Grenade，是阿拉伯人在西班牙占据的最后一块领土），可是，他们对哥伦布提出的方案也感兴趣。1479 年，西、葡两国签订和约，结束两国间争夺非洲海岸垄断权的海战。根据条约，此后卡斯蒂利亚人不得登上非洲沿岸。哥伦布的计划大大吸引了女王伊莎贝拉和国王斐迪南，他们认为开拓海外殖民地又露出一线希望。女王伊莎贝拉和国王斐迪南给哥伦布相当优厚的待遇，并且任命一个由学者组成的委员会详细研究哥伦布的计划，该委员会由神父塔拉韦拉（*H. Talavera*）主持。

塔拉韦拉是伊莎贝拉女王的忏悔神父，伊莎贝拉之所以选中他作为委员会的主持人，是因为她认为这位神父忠诚严谨、认真勤奋和有高尚的人道主义精神。

格勒纳德景色

萨拉曼卡答辩

在塔拉韦拉的领导下，1486 年初夏在科尔多瓦，然后在这年底和第二年初，在朝廷欢度圣诞节的萨拉曼卡

(Salamanca，西班牙位于马德里西北偏西的中西部城市，公元前202年被汉尼拔征服，公元8—11世纪末被摩尔人占领)，举行了多次答辩会。委员们凑在一起，听克里斯托弗·哥伦布讲他的计划。他陈述的内容，与在葡萄牙"数学委员会"上的发言大同小异。但是，该委员会成员的知识比起里斯本的数学委员会来逊色太多，他们听凭"权威"意见作主，最主要的权威意见来自拉丁教会的神父圣奥古斯丁(*Saint Augustin*，354—430)的神学。

奥古斯丁的神学学说称奥古斯丁主义(*Augustinism*)是黑暗的中世纪在欧洲占统治地位的学说，是使古代哲学成为神学的婢女的始作俑者，也是文艺复兴、科学发明和地理大发现的最大阻力。欧洲近世思想家孟德斯鸠、卢梭、伏尔泰、康德、黑格尔等的见解是和奥古斯丁主义唱反调的，正是这些近世思想家才将哲学从神学的桎梏中解放出来。奥古斯丁又名奥古斯丁努斯(*Aurelius Augustinus*)，或名希波的圣奥古斯丁(*Angustine of Hippo*，*Saint*)，他生于北非塔加斯特(*Tagaste*，今阿尔及利亚苏克赫腊斯 *Soukaharas*)。376至386年间，他在塔加斯特、迦太基、米兰等地教授修辞学；391年升神父；395年任北非希波(*Hippo*，今阿尔及利亚安纳巴 *Annaba*)主教；在西哥特人围攻希波时，忧郁而死。他使用新柏拉图主义哲学论证基督教教义，把哲学和神学结合起来，提出"理解为了信仰，信仰为了理解"，认为"精神"是实体，上帝是"真理"，尤为万物之终极"真理"，是至上的"善"，只有信仰上帝才是人生的"享受"，对其他一切的关心和努力只能看作"使用"。

他传播“原罪说”，认为人类只是“一堆囚徒，一堆败类”，种种灾难随着人的罪恶而不可避免地来到人间；主张“恩宠论”，认为人是一无所能的，只有依赖上帝的恩宠才能得救；提出“预定论”，声称善人灵魂获救升天早已为上帝所“预定”，恶人灵魂下地狱则为上帝所“预知”，受永罚是由于他们自己的罪恶。他鼓吹教权主义，说人们虽然应该服从世俗政权，但世俗政权只是“世人之城”，最后终将覆灭，并逐步由“上帝之城”完全取代；教会则是“上帝之城”在地上的体现。这样的神学窒息、摧残一切新思想、新发明的萌芽，使得欧洲中世纪十分漫长和黑暗。此时此刻这个由神父主持的委员会奉奥古斯丁主义为“权威”，对哥伦布提出的崭新的见解会抱什么态度就可想而知了。

“权威”的意见致使委员们对哥伦布提出下面的质疑：“你要航行到地球的另一面去，这是想入非非。难道你相信世界上有对跖者（*antipodean*，指在地球上相对两点居住的人），同我们脚对脚站立的人？难道你相信地球上有某个地方物体是从最低处向最高处跌落，树木朝下生长，雨往高处落，冰雹向天上降，雪向上面飘吗……”他们认为地球是圆的这一狂想产生于有关用脚在空中行走的对跖者的愚蠢神话。

但在答辩会上也不乏有识之士，他们是亚里斯多德的信徒，赞成地圆说，因而在会上暗暗支持哥伦布，尽管他们没有公开站出来为他辩护。这些人包括罗马教皇使节亚历山德鲁·杰拉尔迪尼主教；萨拉曼卡市政长官罗德里戈·马尔多纳多博士；萨拉曼卡大学（*University of Salaman-*

ca)的教师、犹太人天文学家亚伯拉罕•萨库托，此人是葡萄牙数学委员会成员比辛奥的导师；萨拉曼卡大学中的圣斯蒂芬学院院长迭戈•德•德萨神学教授。迭戈•德•德萨是王子唐•胡安(*don Juan*)的导师，先后为帕伦西(*Palencia*)主教、塞维利亚大主教，1498 年做了“宗教裁判所”的第二任总法官。此人是哥伦布方案的最有力的支持者。哥伦布后来谈到迭戈•德•德萨时，这样表达他的心情：“幸亏有他，国王陛下才得到印度这片土地。要不是他力邀我留在卡斯蒂利亚，我早已出走。”

萨拉曼卡的答辩会没有轻易作出结论，而由于德萨等人的力争，塔拉韦拉等保守派觉得哥伦布的计划确有它的合理成分，所以，从 1487 年 5 月起，哥伦布被列入了西班牙皇家的薪俸册，按月领取皇家发给他的薪水。女王还为哥伦布发出一封给所有市县地方官吏的公开信，要求他们必须给从朝廷来的克里斯托弗•哥伦布提供免费食宿。可是，这对一个渴望立刻行动的人来说简直是段痛苦的时期。他一直待在宫廷附近，经历了对摩尔人的最后一个港口城市马拉加(*Malaga*)的围困，经历了鼠疫和 1487 年 8 月 18 日对该城市的占领。

在庆祝战胜摩尔人(*Moor*，摩尔人有两种。一是Мавры，古代罗马人对毛里塔尼亚土著居民的称呼，中世纪西欧对比利牛斯半岛和北非西部伊斯兰教民的称呼。二是Мориски，1492 年格拉纳达王国被卡斯蒂利亚王国灭亡后，残留在比利牛斯半岛的穆斯林居民，1609—1610 年被赶出西班牙)的马拉加庆典和 1487 年秋返回科尔多瓦期间,哥伦布又结识了不少达官贵人,如阿拉冈王室司库大臣路易斯•德•桑坦赫尔(*Luis de Santangel*)和卡夫列尔•桑切斯,斐迪南国王的宫廷侍从长官胡安•卡布雷罗,国王的秘书长官胡安•德•科洛马(*Juan de Coloma*),此外还结识了风流倜傥的莫亚男女侯爵夫妇(侯爵安德烈斯•卡布雷拉及其夫人女侯爵费尔南德丝•德•波巴迪拉)。以上这些要人,如桑坦赫尔、科洛马等后来对于他的计划成功实施都起过关键性的作用。而与莫亚男女侯爵夫妇的结识对哥伦布也很有用,莫亚侯爵安德烈斯•卡布雷拉曾支持伊莎贝拉取得王位,其夫人女侯爵费尔南德丝•德•波巴迪拉前不久在马拉加(*Malaga*)代替女王被摩尔人刺客刺了一刀,女王对他俩心存感激,视两人为知己。如果夫妇俩在女王面前为哥伦布说几句好话,一定会起很大作用的。

摩尔人刺客在刀光剑影的战场上谋刺斐迪南国王和伊莎贝拉女王的故事在西班牙家喻户晓,与"荆轲刺秦"在我国的普及性不相上下,成为许多绘画、雕刻和戏剧的题材。事情发生在摩尔人防守的马拉加港即将陷落之际,斐迪南国王和伊莎贝拉都亲临战场,安营扎寨,以鼓舞士气。一天,在战场上指挥的加的斯侯爵捉到一名摩尔人俘虏。此人自称预言家,知道攻占马拉加城的秘密方略,要求晋见国王。加的斯侯爵将这个摩尔人带往军营大帐。当时,斐迪南正在后帐睡眠未醒,女王也在休息。在前帐大厅里,葡萄牙王子阿尔瓦罗爵士正与莫亚侯爵夫人费尔南德丝•德•波巴迪拉围桌下棋。摩尔俘虏进入前帐,误将下棋者看成国王和女王。他借口要杯水喝，以分散加的斯侯爵的注意；暗中却抽出匕首“飕”的一声掷去，正中阿尔瓦罗头部，他立即又抽出短刀直向侯爵夫人刺去。这时，卫士们蜂拥而上，刀剑齐下，将俘虏剁为肉泥。阿尔瓦罗倒地死去，侯爵夫人受了轻伤，国王和女王幸免于难。

1487 年冬天，哥伦布与宫廷大臣们一起跟随着逃避鼠疫和不舒适天气的国王夫妇到阿拉冈过冬。朝廷与国王一同迁徙，先到萨拉戈萨（*Zaragoza*，西班牙东北部位于埃布罗河畔、马德里东北方的城市，是罗马统治时期重要城市，从 713 年至 1118 年处于摩尔人控制下），这是阿拉冈王国的都城。次年春又南下穆尔西亚（*Murcia*，指西班牙东南部地中海地区，上古时期迦太基人在此建立王国，8 世纪被摩尔人征服，11 世纪成为独立的摩尔工国，都城穆尔西亚，1266 年并入卡斯蒂利亚国）这是堪与安达卢西亚相媲美的卡斯蒂利亚的第二个富庶地区。朝廷和国家在此一直呆到 5 月。然后又去巴利亚多利德（*Valladolid*，西班牙中部偏西北城市，15 世纪中期成为卡斯蒂利亚宫廷主要居住地，为 1469 年斐迪南和伊莎贝拉结婚地）。这段期间，哥伦布继续努力谋求会见高级神职人员和世俗的达官贵人，争取到一些支持者，但大多数人讥笑他是个幻想家。

1488 年，战争和天灾使卡斯蒂利亚王国财力枯竭。这年 6 月 16 日，哥伦布领取了最后一笔补贴后再也没有接到领取薪水的通知。他再和葡萄牙国王接触，国王若奥二世不愿看到哥伦布的计划被西班牙接受，便给他一封手书，谕令批准他返回葡萄牙。然而，命运似乎在捉弄哥伦布！当他1488年12月到达里斯本时，正好看到巴托罗缪·迪亚士(*Bartolomeu Dias*)到达非洲最南端之后返回，往亚洲的通路已打通。哥伦布揣测，形势如此，若奥二世恐怕不会爽快答应，便没有勉强行事，匆匆回到了西班牙。

1488年冬天，伊莎贝拉女王派人到巴塞罗纳的犹太珠宝行里，典当了她的祖传珍宝和金银首饰，其中包括13世纪圣费尔迪南德国王的珍珠王冠，购买了军粮、武器、大炮和弹药以后又集结了军队。1489年5月，斐迪南国王又率领近10万大军，前往格勒纳德穆斯林王国的东部重镇巴萨(*Bassar*)进行围攻。也就在这个5月，哥伦布忽然接到西班牙双王的一封信，命令他立即到双王的驻地巴萨军营去，而且在敕令中诏谕沿途各地的城市安排好他的食宿。可能双王听说哥伦布去过里斯本，决定将这一稀缺人才召唤到身边，免得被葡萄牙人、法兰西人抢走。看来，伊莎贝拉女王在重视人才方面比若奥二世更胜一筹。

那次召见也以无结果而终结。但哥伦布作为志愿人员，加入了包围摩尔人的巴萨城堡的战斗，并表现得异常勇敢。这时，埃及的大苏丹让人来巴萨军营向西班牙双王传话，要求立即停止对摩尔人的进攻，否则铲平圣城的耶稣坟墓。哥伦布立即抓住机会，恳请女王尽快派他西航印度，寻找新的财源以装备新的十字军，去解救圣城耶路撒冷。女王既未被埃及苏丹的威胁吓住，也没接受哥伦布的请求，只是下令继续围攻巴萨。

1489年11月4日，巴萨城最终被攻破。接着，摩尔人的另一要塞阿尔美迪亚(*Almeria*,西班牙港市,省中心,市内有建于8～11世纪的阿拉伯城堡)也投降了。1490年初,双王忙于庆祝胜利,并为他们的长女举行盛大的婚礼。

1490年秋冬之际,塔拉韦拉主持的委员会终于向双王提出了一份报告,否决了哥伦布的计划,理由是航行到亚洲至少需要三年时间,目前的船队没有条件到达;西方的海洋无比辽阔,即使哥伦布能达到地球另一边的大陆,他也不可能再回来。

双王对委员会的结论既未采纳也没有否定,只是把它和哥伦布的事业搁置起来,等战争彻底胜利后再说。

出航似无望

哥伦布不能再等待了,他已经等了五年,年届四十,头发都等白了。现在他寄希望于法国。

早在1488年底,他弟弟巴托罗梅就从里斯本去英国,想说服英王海因里希七世(*Hainisch* Ⅶ)支持克里斯托弗•哥伦布的事业,但没有结果。两年后,巴托罗梅又到了法国,求助于查理八世的宫廷,在这里他获得了国王妹妹安娜•德•贝奥热的同情。哥伦布从弟弟的来信中得知这一信息,便想去法国亲自求见法国国王查理八世(*Charles* Ⅷ),恳请他的支持。

临行前,他必须告别一些亲友。1490年底,他去科尔多瓦，看望他的情妇比阿特丽丝和两岁的小儿子费尔迪南德，陪他们住了一些时日。1491 年春天，哥伦布又专程到加的斯亚湾的圣玛丽亚港的行政长官梅梯纳塞利公爵的府邸，感谢公爵当年的恩顾。公爵将他挽留数月，方依依而别。

1491 年夏，哥伦布重返拉比达修道院（*La Rabida Monastery*），打算与胡安•佩雷斯修士道别，并感激修道院七年来对他的长子笛阿哥的抚育，并准备将小笛阿哥转托给住在韦尔瓦的妻妹维奥兰及妹夫缪利雅照管。胡安•佩雷斯院长得知哥伦布打算永远离开西班牙之后大感意外，劝他说：

"你已经在西班牙等待了 6 年，眼看征服摩尔人的战争即将结束，那时双王就有余力资助你远航了。朝夕之间，壮志可酬，倘若中道而去，等于'为山九仞，功亏一篑'，岂不可惜！"

哥伦布答道："我当着圣费尔迪南德起誓，不再等待伊莎贝拉女王的恩宠了，天无绝人之路，说不定法王会支持我呢。"

胡安•佩雷斯修士说："我要亲自去见女王陛下，为你再争取一次机会，如又不成功，你再走不迟。"

这时，哥伦布的几个老朋友，如塞维利亚教区圣物总管弗雷•安东尼奥•德•马歇纳神父、韦尔瓦的医生、业余天文学家加西亚•费尔南德斯（*Garcia Fernandez*）等都来看望哥伦布了，大家一致劝他别走，凑在一起，商量办法。他们还介绍几位附近的老航海家和哥伦布结识。其中的一位名叫马丁•阿隆索•平松(约1440—1493),是帕洛斯城颇有权势的航海世家平松家族的老大,他从青年时代起就曾在非洲西岸从事海上贸易活动,发了大财,并与葡萄牙船只发生过争斗,葡萄牙商人一听见平松的大名就十分惊恐,无人敢与他争雄。多年来的航海生涯,特别是他与葡萄牙人的交往,使他相信大洋中存在着许多岛屿。平松早就听说过哥伦布的事情及其远大抱负,十分敬服,相见恨晚。这次一见面,他就成了哥伦布的狂热追随者,作为一个西班牙本国人,他愿意和哥伦布一起去游说女王,力求取得女王的支持。哥伦布得到这样一位同行的理解和支持,自然感到欢欣鼓舞。

1491年4月,斐迪南国王亲率8万大军,围攻穆斯林的最后一个城市——格勒纳德。该城由最顽固的穆斯林分子坚守,不愿投降。西班牙的大军构筑工事,进行军事围困。1491年春夏之交,伊莎贝拉女王带领王子胡安和公主们亲临战场,鼓舞士气。7月的一夜里,一名穆斯林间谍用烛火点燃了双王的丝缎帐篷,顷刻间,熊熊大火将谷地上的四方大营全部化为灰烬。双王激励将士不必灰心,下令改用石料建造一座更为坚固的军营。3个月内,距格勒纳德城西10千米的高地上,一座石头城迅速竣工。女王决定将此城命名为"圣塔菲(*Santa Fe*)",意为"神圣的信仰"。

1491年夏天,拉比达修道院长胡安•佩雷斯修士派人专程来到"圣塔菲",为哥伦布的事上书伊莎贝拉。两星期后,佩雷斯修士接到女王复信,召他上朝商讨哥伦布的计划;并请他转告哥伦布"静等陛下宣召"。胡安•佩雷斯上朝不久,哥伦布即接到伊莎贝拉女王亲笔写来的一封信,并托信使给他带来两万铜币,让他买一匹骡子和购置几件像样的衣服,以觐见陛下。老航海家平松也竭力为他添置装备,并亲自陪同前往。

1491 年 8 月,哥伦布身着一套崭新服装到达圣塔菲军营,陛见了国王和女王。他的"印度产业"计划将被重新审议。一个新的特设委员会由天文学家、神学家、海员和舵手组成。参加者有塔拉韦拉神父、德萨神学教授,还有罗马教皇使节亚历山德鲁•杰拉尔迪尼、拉比达修道院长胡安•佩雷斯修士,以及其他一些学者和水手。特设委员会召开会议,对哥伦布的计划从技术角度进行专门审查。哥伦布展开一幅海图,平放在宽大的木案上,将他的手放在大西洋的部位,一边说,一边指点着相应的位置,并引用圣经和其他古典文献,以证明一个地理大发现的时代到来了。

在座的老水手平松也发言附和,他说自己从罗马来西班牙的那一年已经在教皇英诺森的图书馆读过有关著作。罗马教廷的一位宇宙志学家在一本书中说,世界上存在着待人发现的土地;还说,早在所罗门时代,示巴女王就由地中海航行到西班牙的一端,再从那儿循一条方便的通道向西航行 90 度,找到南北之间一个名叫日本国(当时西班牙人称日本为希盘古,*Cipango*,即 *Japan*,意大利文对于日本国的称呼 *Tchipango* 的音译)、契丹国(中古欧洲人称中国为契丹,*Khitan*, *Catay*,如俄文的中国 Китай 就源于契丹)

或印度国的地方，那里土地肥沃、物产丰富，面积大于非洲和欧洲。平松还说，多年来他航海的目的就是为了寻找那片大陆。平松的这一番话，震惊四座。

接着，哥伦布发言引用葡萄牙水手B•迪亚士的最新发现，证明古代地理学权威托勒密的错误。托勒密说非洲南端是无限伸展的，印度洋是一个封闭的内湖，可现在的发现说明非洲南部存在着一个辽阔的水域。他说："我们所已知的世界十分有限，还有大片的陆地未曾探明。富庶的东方就在大西洋彼岸，我们为什么不去寻找呢？如果发现了东方，仅凭贸易就可以获得巨量财富。"

总之，哥伦布竭力宣扬其计划的正确性、技术方面的可行性，以及给王室带来财富的可靠性。会上有人附和塔拉韦拉神父，又搬出圣奥古斯丁的怀疑地球有另一面的论点，企图再次否定哥伦布的计划。这时，出席会议的教皇使节亚历山德鲁•杰拉尔迪尼主教说："圣奥古斯丁无疑是一位伟大的神学家，但对于地球上许多地方，他可能没有在座的水手们知道的多！"杰拉尔迪尼主教一语中的，得到与会的德萨教授和佩雷斯修士的充分赞同。于是，哥伦布的计划终于被特设委员会通过，并向双王提出报告说明该计划可行。

但委员会一些保守分子大为不满。时至1492年6月，哥伦布西航即将起航之际，委员会主席塔拉韦拉又给女王写了一封信，信上说，超越了上帝为人间设定的界限就是造孽，灵魂将永远不能得救，灾难亦会接踵而至，他建议女王把哥伦布交给宗教裁判所处理。这是后话，暂且不表。

接着，特设委员会将哥伦布的计划交给卡斯蒂利亚王家评议会审议。王家评议会由高级贵族和高级教士组成，其中有红衣主教冈萨雷斯•德•门多萨、阿拉冈王室司库大臣路易斯•德•桑坦赫尔和国王的秘书长官胡安•德•科洛马等。哥伦布开始和评议会商讨报酬问题。这时，他也有自己的打算。他想，那些骄傲的卡斯蒂利亚人终于要我为他们冒险探寻新的陆地了，但他们就必须付出高昂的代价。我这个热那亚水手，绝不会无偿地为西班牙人增光。于是，他逐步公布自己的条件：提升为世袭贵族，封为新发现陆地的副王和总督；任命为"海洋统帅"（大西洋是当时已知的最大海洋，因为当时欧洲人对太平洋的存在，还毫无所知）；有权从获得的财富中提取 1/8 和从王室在印度的企业和机构的销售额中提取 1/10；与治理新大陆的主管部门有共同的发言权；一切头衔和权利都世袭给后代。哥伦布的这些要求使王家评议会大为震惊，谁也做不了主，只好呈报双王亲自定夺。

1491 年 12 月，哥伦布觐见双王。开始由在座的一位评议会成员汇报哥伦布的计划的可行性，女王仔细地听着，面带微笑。接着，另一位成员汇报哥伦布所提的条件，女王的脸色立刻变得严肃起来，好像在说："这样的条件绝对不能接受，我想贵族们也不会答应的。如果一个热那亚的水手成了西班牙的首屈一指的大贵族，大家都下不了台呢。"

正在汇报的评议会成员见女王变了脸色，就打圆场说："如果哥伦布阁下愿意松动一下他提出的过高条件的话，此事就容易通过得多，请两位陛下裁决。”

这时哥伦布站起来走到议事厅的中央，说：“圣经上早已写明：将有新的陆地被人发现。上帝已选择了我——克里斯托弗•哥伦布去完成这一神圣使命。大西洋的门户是用粗大的锁链锁着的，现在上帝已经把打开那些门户的钥匙交给了我。我将按照上帝的指引，给西班牙王国增添大片的领地和无上的荣光！正由于我所从事的事业如此重要，对于已提出的条件不能退步。”

斐迪南和伊莎贝拉一言不发，就终止了这次觐见。对他们和西班牙来说，此刻有更重要的事情要做——围攻格勒纳德。

1493年1月2日，驻守格勒纳德的穆斯林宣布投降。西班牙土地上最后一块伊斯兰教徒占有的领地终于收复，历时十年的战争终于宣告结束。虽然这场战争说是为宗教信仰而战，事实上却是场封建领主的战争。哥伦布有幸参加进城的队伍，但他同时得到了通知，他的事业计划已被王家评议会明确地、绝对地否决了。这是他的西航计划第三次即最后一次被否决。国王夫妇还算给他面子，又接见了他一次，亲自证实了这一点，同时声明他们已经取得了最后胜利，可以安享太平了，因此对海外冒险不感兴趣。他们还说这是最后一次接见，祝愿他一路平安。

这是他在西班牙六年半的等待的结果，当着圣费尔迪南德起誓，他要走了。西班牙人都沉浸在胜利的喜悦中，没有谁关心哥伦布的去留。

哥伦布给他的骡子上了鞍，把衣服、世界地图和关于

哥伦布占领格勒纳德

宇宙地理的书籍装入鞍囊里，和忠诚的胡安•佩雷斯修士结伴去科尔多瓦。他把女王临别赠送给他的微薄的财物节省下来，以便前往法国。

第三章 发现新大陆，哥伦布载誉而归

女王同意了

哥伦布一走，就有一些精明能干、识透大局的人，蓦地在宫廷里出现。他们平时多半在幕后活动，可眼下这一件对西班牙十分有利、前途无限光明、筹措多年的大事因为当事者鼠目寸光、缺乏魄力，竟前功尽弃突然告吹了，他们不能不着急，只好亲自出面了。他们都是懂得哥伦布的真正价值的人，一阵紧急会商之后，决定推阿拉冈王室司库大臣路易斯•德•桑坦赫尔去觐见女王。

桑坦赫尔的祖籍也是意大利，和哥伦布有同乡之谊。他和那些保守、无知的教会人士完全不同，他不受旧观念的约束，是个改信基督教的犹太人、实干家、理财的高手，早就看出哥伦布是个出类拔萃的航海家，其计划并非戏言，一定可以探寻到东方的大陆，用那儿的金子、香料和宝石来填充空空如也的卡斯蒂利亚的国库。他这次作为西班牙务实派的代表，冒险进谏，心中有恃无恐，因为陪同他觐见的还有一个名叫弗朗西斯科·布内洛的热那亚人，此人是西班牙城市兄弟会塞维利亚（*Seville*，西班牙西南港市，瓜达维尔河畔，建于古代，是罗马、汪达尔人和西哥特人主要殖民地，后成为卡斯蒂利亚王国的殖民地，1248年，该城成为皇家居住地，发现新大陆后该城尤其繁荣，直到18世纪早期一直是殖民贸易的主要港口，位于西经5度，北纬37度）总部的财库管理人，城市兄弟会是在混乱时代为保卫城市而建立的互济会。多年来，这个“城市兄弟会”组织在充当王家警察部队的过程中，捉拿流窜于西班牙各地的许多劫匪团伙，没收了大量财物和金钱，充实了设在塞维利亚的总部的财库。此次去进谏女王，如果女王以没钱为借口继续拒绝哥伦布的计划，他就可以用塞维利亚总部的财库里的金钱做担保说服女王。

桑坦赫尔立即进宫，竭力用急切而又坦诚的语言去感动女王。他对女王说，陛下在一些意义重大而且重要的事情上面常常显示果断精神，可是眼下对这桩小有风险的事业却踌躇不决，使他觉得惊奇。这桩事业如果成功，能够对上帝的事业作出巨大的贡献，基督教将因此遍布全球，且不说它将大大扩展女王陛下的疆土和提高西班牙王室的声威了。哥伦布将这样一桩开拓海外领地的大事业奉献给女王，这是西班牙的千载难逢的好机会，如果为了一个空头职衔将这件大事拱手让给西班牙的敌人法国人去做了，那么，这对她的王国将是一个巨大的损失，对她本人

则是一个巨大的耻辱。说到这里,桑坦赫尔放低声音,问伊莎贝拉说:

"女王陛下,您认为西班牙的海军舰队敌得过葡萄牙吗?"

女王答道:"敌不过。"

桑坦赫尔立即说:"陛下真有自知之明。1479年,西葡两国签订的《阿尔卡巴斯和约》排除了西班牙商人沿着非洲海岸航行的可能性,而且由于西班牙海军虚弱,不能用武力强行打开这条经由非洲通往印度的航道。目前,葡萄牙人已到达非洲的最南端,马上就要进入印度了,而西班牙呢,在海上寸步难行,已陷入困境。可现在哥伦布的计划却为西班牙提供了一条摆脱困境的唯一出路,使西班牙能够从西路航线进行海外开发,参与对印度和亚洲的贸易,陛下何乐而不为呢?如果哥伦布不成功,就不必给他报酬和头衔,陛下什么也没损失;如果他实现了自己的诺言,他就配得上海军上将的头衔,应该获得黄金的赏赐。"

伊莎贝拉被说服了,当即表示说,战事刚刚停止,百废待举,她只要稍有喘息的时间,就立刻重新考虑这件事情;如果还要加快的话,她就把自己拥有的珠宝首饰拿出来做西航费用。于是桑坦赫尔向她保证,完全不需她自己出钱,他桑坦赫尔乐意自己筹款装备这个船队。他拍拍同来觐见的弗朗西斯科•布内洛的肩头,暗示有城市兄弟会塞维利亚(*Seville*)的总部的财库作后盾,筹款就容易了。女王深深地为他的热情和诚意所感动,随即派出一名使者去追赶哥伦布。使者在松木桥村赶上了哥伦布,那儿离格勒纳德约10

英里，离当时朝廷所在地圣塔菲 4 英里。

王家的命令必须服从，哥伦布遵命回来了，以后的事就容易了。王室完全接受了他的要求，航行到美洲一路顺风，哥伦布遇上了天时、地利、人和，终于成就了亘古未有的大功业。

女王为什么忽然回心转意呢？当然，桑坦赫尔的说理是无可反驳的，所冒的风险这么小而收获却是那么大，但更主要的是，这与哥伦布的人格魅力大有关系。哥伦布提出他的计划时，使人印象最深刻的不是他叙述的事实，不是他列举的论据，而是他这个人。他态度庄严、诚恳，对目标有十足的信心，对自己的主张抱绝对肯定的态度，这必定会给女王留下深刻的印象。

在人的个性当中，有一种任何摄影师都无法捕捉、任何画家都无法再现、任何雕刻家都无法刻画的东西。这是一种人人都能感觉得到，然而却无人能够表达、能够付诸笔端、能够加以形容的微妙东西。就是它，与一个人一生的成功息息相关。哥伦布具有一种神奇的个人魅力，人们一看到他，顿然间就有一种信心百倍的感觉。如果说伊莎贝拉下令叫哥伦布回来时心中还在犹豫不决的话，那么他的到场就一定给她增添了信心。一个传记作家写道："当哥伦布打定主意的时候，他就确信他就会发现他要发现的东西，找到他要找到的东西，好像他已经把这个东西放在一间上了锁的屋子里一样。"哥伦布的性格和女王有点相似，他所呼唤不仅是她的理智，而且是她的直觉。

前所未有的壮观又节俭的探险

当哥伦布在松树桥折返圣菲城时，他就已经获得了胜利，剩下的问题只不过是把它写到纸上去。于是，根据哥伦布本人的要求，由胡安•佩雷斯（*Juan Perez*）修士和国王的秘书科洛马会商，联合起草了一份文件，这份文件草案就是著名的“圣菲协议”（*Santa Fe*）。协议规定：一，王室应该让哥伦布担任他通过自己的努力在大西洋中发现的所有岛屿和陆地的海军上将（*Almirante Mayor de la Mar*），这个头衔可以世袭，同时哥伦布将担任他发现的所有岛屿和陆地的总督（*Virrey*）和长官（*Cobernador*）；二，王室封哥伦布为西班牙贵族，从此以后，哥伦布可以在自己的名字前面加一个“唐（*don*）”字，这头衔可以世袭；三，哥伦布在卡斯蒂利亚和他发现的岛屿和陆地之间的一切贸易中，有 1/10 的收益权，同时，有关卡斯蒂利亚和他发现的岛屿和陆地之间的一切贸易诉讼都要由哥伦布自己或其代理人来处理；四，哥伦布有权参与一切远征印度等东方地区的活动，在其中占有 1/8 的股份，并由此享有 1/8 的收益。

协议书被抄写成一段一段的呈双王批准，如双王不反对，就写上国王同意的字眼。

这份协议名义上赐予哥伦布很大权益，但比起以后数百年中西班牙在中南美洲获得的巨大利益，这点“赐予”就算不得什么了。

尽管西班牙国王赞同了哥伦布的计划，却不意味所有问题都已解决，资金就是一大难题。远航共需 200 万铜钱，在当时不是小数目。桑坦赫尔从弗朗西斯科·布内洛掌管的城市兄弟会塞维利亚总部的财库里掏出140万(最后由政府归还),又从其他账目中支出若干。哥伦布向梅梯纳塞利公爵和塞维利亚一名银行家预支25万。这些钱总共约合14000美元,今天这样的区区之数只够举办一次节日活动或开一次纪念会,可哥伦布靠这点钱完成了一次划时代的地理大发现。

女王下令,由于帕洛斯水手经常在沿海一带进行海盗劫掠,再加上控制该港的西尔瓦斯家族多次冒犯王室,作为惩罚措施向帕洛斯港征用两艘船,作为她在这项计划上的投资。所以哥伦布第一次远航是从帕洛斯出发的,但这港太小,无法达成远航目标。因此,从第二次远航起,他便改由其他港口出发。他先后在加的斯、塞维利亚两港启程。这两个港口掌控了与新大陆的海上贸易长达2个世纪。

15世纪加的斯一景

此外，双王下令，因故受罚的受刑人，只要愿意随哥伦布探险，就可以免除劳役。王室真会招募廉价劳动力！可是，参加远航的船员中真正的罪犯只有一个，他名叫巴托洛梅•德•托雷斯（*Bartolome de Torres*）。此人在争斗中误伤人命，被打入死囚牢中。他的三个朋友将他从牢中救出，根据卡斯蒂利亚一种奇怪的法律，这三个人也被判处死刑。四人在逃窜期间听到了国王诏书，都愿意参加西航。他们成为出色的水手或舵手，首航归来后都被双王所赦免，其中两人（包括托雷斯在内）又参加了哥伦布的第二次航行。

1492 年 3 月 31 日，西班牙国王和王后一改昔日的容忍政策，采取严厉的手段对待异教徒。国王的秘书科洛马根据双王的旨意，拟定了一份驱逐犹太人的并由国王和女王签署的法令。数百年来，犹太人在西班牙各地本来过得好好儿的，孰知西班牙国王竟假宗教之名强迫犹太人离境，而且放任国人对犹太人敲诈勒索。

4 月 17 日，同一个科洛马，根据“圣菲协议”代表国王接受了哥伦布提出的所有要求，颁发《授衔令》：封哥伦布为贵族暨大西洋海军上将，享有的权利和待遇，与斐迪南国王的叔父即卡斯蒂利亚海军上将相同；准他担任未来所发现的岛屿和陆地的总督，而且这些头衔都将世袭。此外，新发现土地上产品的 10％归他所有；他也能参与新土地上所有的商业活动，投资和利润占总额的 1/8；发生诉讼案时他有裁判权。

当然，哥伦布要取得这些头衔，必须付出相当代价——国王4月30日下令：只许成功，不许失败，否则一切赏赐都不算数。哥伦布就这样成为“海军上将（*Almirante Mayor de la Mar*）”，他的姓氏将永远按卡斯蒂利亚语发音为“哥伦”（*Colon*），姓氏前加上代表贵族身分的称呼“唐”（*Don*）。

4月17日，双王也签发了《西航护照》，这是用拉丁文写成的，亦为科洛马所拟定。其中说：“我等现派遣克里斯托弗·哥伦布率轻快帆船3艘，取海路驶向印度地区。请所到之处的国君、官员等对该船队予以关照、保护、提供帮助，并给予免税待遇……”

4月30日，科洛马拟定的《致东方君主信》，亦为拉丁文（*Latin*），同样由斐迪南和伊莎贝拉签字后交给哥伦布。但是，由于究竟会遇到哪些东方的君主尚不可知，故在开头的所致对象处留下空白，供临时填写使用。1492年11月2日，哥伦布船队在古巴时，曾派出使团去寻找“中国大汗”，就使用了这份信件。其实，不用说契丹大汗，早在1368年蒙古大汗在中国的统治就结束了，到这时大明皇帝已经统治了124年。当时欧洲人尚不知道这段历史。

更令人惊奇的是，斐迪南和伊莎贝拉居然会认定，只需90名船员驾驶3条小船就能驶入日本或中国的某个港口，并且轻而易举地把它接管过来。这说明，欧洲王室所获得的亚洲情报是多么错误。

不妨对比一下：早在87年前，我们中国明朝派郑和出使“西洋（*the West*）”，船队拥有大船60余艘，连小船在内多至200来艘，每只大船平均载四五百人，最大的可容纳

1000 人，船上总共有士卒 27000 多人。而郑和的任务只是出使怀柔海外国家，并无从海外攫取大量金子奉献朝廷的任务。可怜的哥伦布依靠这几条小船和几十个人，不仅要冒险探查未知大陆，而且负有攫取大量金子、香料、珍宝的贡献国王的艰巨任务，足见当时哥伦布肩上的压力是何等沉重了。

国王谕令所有水手听命于哥伦布

1492 年 5 月 22 日，哥伦布携带着双王的诏书到达帕洛斯镇，经过多次争执、谈判和策划，最后帕洛斯市参事会给哥伦布提供了“尼尼亚”和“平塔”号两条船。第三条船是哥伦布自己租来的。这艘船以“圣玛丽亚”号（*Santa Maria*）之名流传至今，但在远航中，哥伦布把它叫作“nao”，意思是“元帅的旗舰”。

如果以现代的标准来看，这简直是儿戏般的冒险，因为这三艘船十分简陋，还不如现代的内河或沿海航行的小船。

“尼尼亚”（Nina，意为“少女”）号船长约 21 米，装载容量约 60 个酒桶吨位（*Fat Tonnage of Ship*）。当时的船只吨位不是指排水量，而是指船只装载的葡萄酒桶重量。这艘船上虽然有瞭望台和船室，但是没有甲板。乘员 24 人。在首航返回时，“尼尼亚”号从惊涛骇浪中把哥伦布送回

哥伦布元帅的主舰

西班牙。哥伦布在第二次航行中，将它选作考察古巴南岸的指挥船。它多次横渡大西洋，成了地理大发现时代屡建奇功的英雄小船之一。

“平塔”(*Pinta*，意为“花的”)号比“尼尼亚”号稍大，长约22.3米，装载容量和“尼尼亚”号差不多。顺风时时速可达11海里，是标准的三桅轻快帆船，在首航往返途中，处处遥遥领先。乘员26人。首航结束后，“平塔”号就离开了哥伦布。

“圣玛丽亚”号比其他两船都大一些，为三桅帆船，顺风时速可达10海里。它的船体长约39米，船腹大舱宽度7.8米，吃水线约2.1米左右，装载容量为120个酒桶吨位。该船有甲板，在船头和船尾都有船楼，是专供船长和高级船员使用的工作室兼卧室。在首航中，哥伦布嫌它太笨重，不像“尼尼亚”和“平塔”号那样能迅速抢风航行，不适宜远航探险。果不其然，它后来不幸在新大陆搁浅遇难。

哥伦布工作室

国王的诏书指定帕洛斯镇当局在10天内协助哥伦布做好一切准备，可是远航筹备的事件不是10天，而是10星期以上。

俗话说：强龙难敌地头蛇。哥伦布是个外国人，如果没有当地西班牙人的支持，他这个光杆司令也“孤掌难鸣”。其中，船员的招募比物资准备更加困难。有些帕洛斯人因哥伦布是个热那亚人而加以抵制，因为他们经常在海上和热那亚人发生冲突。更主要的是当时的人们都深信大西洋的那一边是一个极为恐怖的魔海，经常会出现魔女，以妖异的歌声迷惑人的心智，使船只倾覆，还会有一种可怕的巨龙袭击船只，一旦遇上恐龙或魔女就绝无生还之理。所以，往大西洋的西方航行，他们看来无异是去送死。这些沿海居民，对于可怕的海难都有亲身体验，他们也知道葡萄牙国王组织过类似的西航但都中途而返，如果跟着这个“疯子”哥伦布一直向西航行，肯定一去不回。

该地区支持哥伦布的西班牙人中，当然首推上文说过的老水手马丁•阿隆索•平松了。平松以为此行的目的地是有金屋顶的日本，并且以此来说服水手，力邀众水手同行。他跑到广场上，振臂一呼，凭他的威望，立马就有许多青年来报名应聘。他还积极说服“平塔”号和“尼尼亚”号这两艘船的船主，使这两条船能够启用。

马丁•阿隆索•平松在首航中担任“平塔”号的船主，但曾两度离队私自航行，首航结束后他旋即病死。平松家族参加远航的还有马丁的弟弟比森特•亚涅斯（*Vincente Yanez Pinzon*），他担任“尼尼亚”号的船长，很服从命令。后来他在1499—1500年一次独立航行中发现了亚马逊河（*Amazonas R.*）。这一成就使他在西班牙本国发现家中间获得首席地位。他们的小弟弟弗兰西斯科•马丁•平松（*Francisco Martin Pinzon*）曾参加第一次西航。他们的堂兄弟迭戈•马丁•平松（*Diego Martin Pinzon*）在1498年曾随哥伦布到帕里亚海湾（*Paria*，*Gulf of*），次年又随比森特•亚涅斯作过亚马逊河的航行。

当地还有一个航海世家——尼尼奥家族给哥伦布

提供了很大的帮助。尼尼奥家族在莫格尔(*Moguer*,离帕洛斯不远的城镇)一带的社会经济地位同平松家族在帕洛斯的社会经济地位是旗鼓相当的。尼尼奥家族至少有三个人参加了第一次西航。四兄弟中老大胡安(*Juan Nino*)是“尼尼亚”号的船主,在西航中还兼任它的船长。老二佩拉隆索•尼尼奥(*Pero Nino*)当时年约 24 岁,担任“圣玛丽亚”号的舵手。老三弗兰西斯科•尼尼奥(*Francisco Nino*)在首次西航时年仅 19 岁,在船上照管索环,第二次西航时升为“尼尼亚”号舵手,还随哥伦布参加了第四次西航。该家族的人对哥伦布忠诚不二。

和尼尼奥家有关系的是莫格尔的金特罗家。金特罗家有两个人随同哥伦布出航。克里斯托瓦尔•金特罗(*Cristobal Quintero*)是“平塔”号的船主,首航中随船出航,在第三次西航中成了哥伦布指挥船的船长。胡安•金特罗(*Juan Quintero*)是“平塔”号的水手长,除哥伦布以外他是因四次西航都参加的著名人物。

帕洛斯镇有一个年老的水手,虽未参加这次西航,但在船员的招募中起了很大的作用。这个水手名叫佩德罗•巴斯克斯•德拉弗朗特拉(约 1420—1493)。1452 年他曾和另一个马德里人奉葡萄牙亨利亲王之命作过一次发现航行。他们从亚速尔群岛的法阿尔岛(*Faial, Ilha do*,西经 28 度,北纬 38 度)向西航行,到达马尾藻海(*Sargasso Sea*)(因此他提醒哥伦布遇到这个海不要怕),再折向东北,发现了亚速尔群岛最西面两个岛屿。他们继续前行,寻找神秘的巴西岛(*Brazil*),并且到达了与爱尔兰同纬度的地方，虽然心里确信自己已接近一个从未发现过的海岛，但他们还是把船只掉头驶回来了。当他得知哥伦布正在招募海员时，他现身说法，广泛宣传西航的意义，协助哥伦布等人在帕洛斯港各集市招募新海员。他拍着胸脯担保西航一定会找到很富饶的土地。在他的鼓动下，很多人加入到西航的行列中。遗憾的是，巴斯克斯没有活到亲眼看见自己的热情被证实的时候。他在哥伦布首次西航回到帕洛斯前就在一次意外事件中死去了。

1492 年 8 月 3 日，船队起锚，这一天恰好是国王下令驱逐犹太人离境的最后期限。这支小船队共有 90 多名船员，其中一部分是忠实追随哥伦布的人，例如比阿特丽丝的兄弟和表兄弟；另一部分是官员，如国王的侍从官和检察官。可能也有姓名不详的犹太人，得到哥伦布身边人的庇护，跟上船当水手。这些犹太人已“改宗”（改变宗教信仰），被称为“改宗者”。

90 多名船员中至今姓名可考的有 87 人，其中除哥伦布外只有 4 名外国人（意大利 3 人，葡萄牙 1 人），其余全是西班牙人。在西班牙人中，主要来自涅夫拉地区的几个城镇和乡村如帕洛斯、莫格尔、韦尔瓦等，或来自安达卢西亚地区的其他市镇如加的斯、塞维利亚、科尔多瓦、圣玛丽亚港等，并且清一色是卡斯蒂利亚王国的人，没有阿拉冈王国的人参加。所以这是一支女王的船队，家乡人的船队，代表西班牙航海者的精华。哥伦布能统领得了这群剽悍桀骜的海上英豪吗？临行前，他宣读了女王的诏书，女王谕令所有水手都得听命于哥伦布，也就是说，他有上方宝剑在手，参航者即使如狼似虎也得畏惧他几分。

加那利休整

哥伦布计划先航行到加那利群岛，然后再朝正西方向航行到印度。这是因为葡萄牙人曾多次顶着北大西洋上空的巨风航行，结果徒劳无功，根据葡人的经验教训，从西班牙直接西航是行不通的。非洲航行的经验告诉他，在那个季节里，顺有利的北风行船，船队到达加那利群岛是有保证的。而船只从加那利群岛向西航行，一过加那利无风区就会遇上顺风。为什么呢？因为加那利群岛位于东北贸易风带，这种东北贸易风可助哥伦布横渡大西洋。实践证明哥伦布的构想是正确的（同时也是他的运气好）。后来，他的船队从加那利群岛出发，好风就一路伴随它直到美洲。

刚上路时，马丁•阿隆索•平松信心十足，但麻烦随即出现。8月6日，“平塔”号的船舵的转向装置舷舵跳槽脱位，马丁•阿隆索•平松私下对哥伦布说，他认为此事是该船船主克里斯托瓦尔•金特罗（当时任此船的大副）蓄意破坏的结果，因为金特罗不满意他的船只被这次航海征用，从一开始就口出怨言、牢骚满腹。但后人分析这事不一定是金特罗干的，因为在海上故意破坏船的转向装置既会危及他自己的生命，又会毁坏他的船只。但哥伦布当时很信任平松，认为平松是个足智多谋的人，将修船的事委托他全权处理。

第二天（8 月 7 日），“平塔”号的舵暂时修好了。8 月 8 日，船队乘风朝兰萨罗特岛（*Lanzarote*，加那利群岛最东边的大岛，位于西经 13 度，北纬 29 度）驶去，由于船队在漂流过程中疏忽了船位推算工作，三艘船的领航员因“所在的方位”，发生了意见分歧，吵得几乎动武，而且“平塔”号的舵又出了毛病，船开始进水了。于是，哥伦布命令船队向加那利群岛的主岛大加那利岛（*Gran Ganary*，位于西经 15 度，北纬 28 度）驶去，打算到那里弄条别的船只将“平塔”掉换，或者，如果掉换不可能的话，就找个有锻铁设备的地方将船舵修好。8 月 9 日，黎明时分，大加那利岛已经遥遥在望，然而又偏偏遇上风平浪静的时候，船只在水中纹丝不动。当晚，他们遇到了出航以来的第一个奇观——望见西边的特内里费岛（*Tenerife*，加那利群岛中部的大岛，位于西经 16 度，北纬 28 度，当时尚由土著人占据）的山巅上巨火燎原。船员们认为这是天上的“神火”，是一种祸患的不祥之兆。哥伦布劝大家不要害怕。后人推断是火山爆发，因为加那利群岛位于火山活动带上。

直到 8 月 11 日晚上，才有一阵轻风次起，船只终于能动了。这时哥伦布当机立断，决定让“平塔”号就近驶向大加那利岛北部的拉斯帕尔马斯港（*Las Palmas*，省首府，滨海疗养地，位于西经 15 度，北纬 28 度）进行修理，自己则率领旗舰“圣玛丽”号和“尼尼亚”号径直驶往戈梅拉岛（*Gomera*，加那利群岛最西边的大岛，位于西经 17 度，北纬 28 度），以便节省时间，争取到那里补充给养，并打算租赁一条更合适的帆船。

8 月 12 日晚上，哥伦布率领的两条船驶到戈梅拉岛的圣塞瓦斯提安港（*San Sebastian*），抛锚停泊。

戈梅拉岛的女岛主名叫唐娜•比阿特丽丝•德•佩拉萨—波巴蒂娜夫人。她的夫君赫尔南•佩拉萨 5 年前在一次暴动中被杀，她以她那未成年的儿子的监护人身份统治着该岛。哥伦布登上这个岛的时候，她不在岛上，到东部的一个岛办事去了。哥伦布一连等了 9 天，想一睹她美丽的芳容，同时和她洽商租一条船，以取代“平塔”号。9 天过去了，他望眼欲穿，总不见有什么船载着美丽如花的女岛主到来。哥伦布终于觉得不能再等待了，他决定去拉斯帕尔马斯港和马丁•阿隆索•平松会合。他这个决定对于事业的成功也许是好事。

8 月 25 日，哥伦布到达拉斯帕尔马斯港，“平塔”号已先期达到那里。这是一个为“平塔”号修舵最合适的地方，离海滩不远有铁匠铺。在阿隆索•平松的监督下，铁匠铺为“平塔”号换了新的舵拴、舵枢、螺栓和滑车带。哥伦布又吩咐把“尼尼亚”号上的三角帆换成方帆，以便加快速度。

9 月 1 日下午，船队离开了拉斯帕尔马斯港，次日到达圣塞瓦斯提安，哥伦布终于在这儿见到了美丽无比的女统治者比阿特丽丝•德•佩拉萨夫人。这个女岛主的美丽达到了“一顾倾人城，再顾倾人国”的程度，也是一条十分可畏的“美女蛇”。她出身于比阿特丽丝•德•波巴迪拉家族，是前文述及的曾被暗杀者刺中的莫亚女侯爵的嫡亲表姐妹。当她还是一个年轻漂亮的女孩时，就被伊莎贝拉女王任命为随身侍从，可是她究竟长得太美了，连英明勇敢的斐迪南国王也被她迷住，对她垂涎三尺。当伊莎贝拉女王注意到这个情况，并且觉得不知如何处置之际，戈梅拉岛的首领赫尔南•佩拉萨出现在宫廷里，他被控犯有谋杀罪前来答辩。女王立即宽恕了他，条件是和比阿特丽丝结婚，并把她带回戈梅拉岛。这种安排除国王外其他人皆大欢喜，都说女王处理棘手的事务有魄力。可惜赫尔南•佩拉萨暴虐专横的习性不改，他白白得到一个美妇还不满足，又诱奸了当地一名少女，因而引起岛民暴动而且被杀。于是，比阿特丽丝•德•佩拉萨夫人就承继夫位成了女岛主。

当哥伦布在该岛停留的时候，这个精力充沛的寡妇还不足三十，窈窕标致的风姿不减当年。哥伦布是否爱上了她呢？许多记载加那利群岛轶事的古老手稿都做了肯定的回答。以往的哥伦布传记作家都开辟专门的篇章来描写这段情史，而且哥伦布想娶她为妻也是合乎情理的。他现在已升格为贵族，是未来的海洋统帅，目前在科尔多瓦的情妇比阿特丽丝出身寒微，怎样也配不上他了，而眼前这个比阿特丽丝夫人出身卡斯蒂利亚名门望族，与他十分匹配。

比阿特丽丝夫人在圣塞瓦斯提安古老的石头城堡接待了他，他在这个岛上又停留了 4 天，为了补充给养。快乐的日子如飞一般地过去了，他派出采购物品的船员都非常努力，在 4 天之内，三条船的舷边已被新补充的给养品压得快与水相平了；一桶桶的淡水稳置在舱板上，一捆捆的柴火塞满船上每一个闲空的角落。他不能不走了。哥伦布到底还是一位英雄，他懂得以事业为重，及时斩断情丝，谢绝了比阿特丽丝夫人的挽留，在 9 月 6 日清晨上船起锚西航。这是此次西航中在旧大陆的最后一次起锚，前面是未知的大海。

后来（1493 年），他再次访问该岛，比阿特丽丝夫人曾给他以盛情接待，这证明她即使不是报答他的爱情，也是报答他的敬慕。此是后话。

这桩风流韵事并未妨碍哥伦布发现新大陆。哥伦布就这样过了美人关，以后他洁身自好，像方济各修士们一样过一种严格禁欲的宗教生活。

遇到六大奇观[①]

离开圣塞瓦斯提安之前，就有人看到葡萄牙船只在岛屿外海巡游，目的不详，哥伦布命令船队避开葡萄牙船只。船队愈行愈远，当最后一片陆地从视线中消失时，许多船员都“哭泣起来”。哥伦布一边安慰他们，说一定会找到

---

① 第一个奇观见上节，特内里费岛上的“神火”；第二奇观：罗盘偏转；第三奇观：火箭落海；第四奇观：马尾藻海；第五奇观：地平线上的亮光：第六奇观：登岸发现奇特的土著人（在下一节）。

财富，见到陆地；一边却隐瞒已行驶的实际哩数，原来他担心水手得知实际航程后会害怕。哥伦布选择的航道，和后人驾帆船前往新大陆的路线很接近。

船队一进入北大西洋海域，就发现了沉船的桅杆，海员又产生恐惧情绪。这也难怪，以前有许多船只就是在这片海域折返的。哥伦布竭力说服他们，说离陆地不远了。他对所有迹象都提出有利的解释：鸟朝太阳下山方向飞去，是因为它们要去陆地过夜，可见不远处有陆地；逆风起时，他又说这样一来回程会更方便。

从加那利群岛一路往西的头十天，信风强劲，航行顺利，一共航行了 1163 海里。信风和海流在船尾推动着船儿前进，帆船做着有规律的起伏和摆动。蔚蓝的大海在阳光下闪闪发光，大团大团的信风云从船后面不断升起，越过船队上方，消失在西边的地平线下。

9 月 13 日，哥伦布发现了一个令人惊奇的现象：罗盘的磁针与北极星所指的北方不尽一致了，当晚罗盘指针偏向西北，第二天早晨又有些偏向东北。接着，舵手们也看出了这一情况。这可以说是他们西航以来遇见的第二件怪事（奇观），海员们谁也说不出原因来，因而引起一片恐慌。要知道，在那时，罗盘是茫茫大海上唯一的定向装置，而北极星是海上最可靠的指路明星。大家觉得，罗盘失灵，将会是一种凶兆，可能使他们找不到返回家园的途径，有可能把他们带进地狱的深渊里去！接连几天，罗盘指针继续偏西而且偏得较多，大家吵闹不休。有的说："说不定是魔女把磁针拉住了，我们真的进入魔海了！"有的说：

“没有磁针指示航线，怎么还能继续航行下去？那太危险了！”有的说：“趁早回航吧，辨不清方向，万一触礁，就全完了！”

但是，哥伦布始终保持着镇静。他耐心地向海员们解释说：“磁针是指着地球北边的某一个地方，并非是专指向北极星而已。你们不要以为北极星是一动都不能动的，其实它和别的星星一样，多少会有点移动的。这种天文学上的知识，非常深奥，一下子说不清楚。但是，北极星的位置会有变动，这是真真确确的事实，不应该怀疑。既然它的位置会稍有变更，那么磁针的方向当然也会略为走向一边，这是必然的道理，并不值得大惊小怪，大家安心好了。”

船员们对哥伦布渊博的知识深信不疑，他深入浅出的解释多少起到了一些安抚作用，但仍有个别海员盯着磁针发愣。

哥伦布在这次恐慌中，第一次发现了地学史上的磁差现象，并为以后的科学研究所证实。科学研究表明，地球南北两极的位置，与地球磁场的两个磁极的位置，以及北极星的方位并不重合，罗盘磁针是指向磁极的，所以磁针与北极星方位也并非一致。

9月15日，船员们又见到了出航后的第三个奇观：夜幕降临后，一支巨大而奇怪的火箭在距离船队约四五海里远的地方自天而降直插海中。有些胆小的船员不禁惊呼：“好大的火球往海里掉，这地方要变成火海了！”他们当时看到的究竟是彗星，或是流星陨石，或是飞碟，不可而知。

9月16日，船的周围漂来了很多海藻。哥伦布心里不免有些不安起来了，因为古代哲学家亚里斯多德的著作里，曾经有“海藻之海”的记载。据说在北纬 20 度到 35 度、西经 40 度到 75 度之间的海面上布满了海藻，面积 900 万～1000 万平方千米，船只如果进入这个海藻区，就会被海藻缠住，动弹不得，直到被困死在那里为止。

即使临行前巴斯克斯·德拉弗朗特拉曾提醒哥伦布遇到马尾藻海不要怕，但现在见到这么多海藻哥伦布仍然不安，却又不敢把上述传说让船员们知道，否则后果不堪设想。

哥伦布表面上不动声色，并把测量深度的铅锤投入海中，表示海水很深，使船员们安心。

愈往西去，海藻越多，逐渐地肉眼所及的整个海面都被海藻覆盖着。海藻缠住了船身，使船行的速度减缓了下来。这可以说是出航后见到的第四个奇观。

这下子，哥伦布真有点着慌了，难道真的进入传说中的“海藻的王国”了吗？果真如此的话，那就一切都完了！

哥伦布一方面在喃喃地默祷上帝护佑，另一方面看着船员们三三两两的聚在一起窃窃私语，他们有的偷窥哥伦布一眼，一幅诡异的神色。

“我航行海上 40 年，这种海藻还是头一次碰见。”

“在这种地方被海藻封死，那才叫冤枉呢！”

“那么，我们干脆和别的伙伴们联合起来停止西航吧。”

水手们的计议，很快地传遍了船内。哥伦布并非不知道水手们正在酝酿叛变，但是，他怕刺激了水手们的情绪，所以暂时采取观望的态度。

船在海藻中奋力地挣扎，幸好这时候的风势加强，这三艘船总算挣脱了这一布满海藻的海面，继续向西航行。

其实，马尾藻是一种浮游的多年生植物，是在史前年代分散的藻类的“后裔”。虽然它能在海面形成大片的草垫，但其厚度决不会超过半英寸，船头很容易分开它。哥伦布这次遇到马尾藻海（*Sargasso Sea*，中心区在西经 60 度，北纬 30 度），有惊无险，其中有一种藻类现在还以他的名字命名——哥伦布马尾藻（*Columbus'Sargasso*）。

一直到 9 月 19 日，这支探险队还在贸易风范围内航行，大约到 20 日，他们进入了亚热带无风区。微弱的东风静止下来，四周的沉寂以及燠热的天气使人们的情绪又开始激动起来了。哥伦布不断地为他们打气。果然，傍晚时分，强劲的风鼓满了布帆，带着船队前进。

强烈的风总是向西刮，这对于勇敢向西航行的哥伦布来说是件好事，但在水手中引起了忧虑：

“这种风如果不停地刮，就休想再回故乡了！”

“我们可能陷于越来越茂密的草海中而不能返回家园。”

“这捉摸不定的魔海，真令人恐怖。”

哥伦布只好激励他们：

“风向不久后就会转变的，不要老是在那里杞人忧天嘛。你们这样也算是西班牙的优秀水手吗？”

两天之后，果然如哥伦布所说，风向又转为西北，船队被迫走西北西航向，水手们这才放了心。

可是，日复一日，仍不见陆地，哥伦布的谎言和动人词藻已无人相信。9月24日，大帆船上发生骚动，水手要求回西班牙。有的说："把官员和船长统统丢到海里去喂鱼，我们要回航。"有的说："让官员们游泳到东方去好了，我们可不再跟着他们瞎闯了。"哥伦布软硬兼施，一方面厉声威胁水手说，如果他们杀死他，对所有的人都没有好处，一旦他们返回时没有了他，双王会将他们全部吊死；同时又温言许下新诺言。25日，平松说他看见西南方向有陆地，但这只是幻觉，他所见到的其实是天边的云；不过，他的错觉倒平息了骚乱。还好。接下来几天，天清气朗，船队快速航行，未发生任何事故。

10月6日，平松和哥伦布起了争执。平松想朝西南方去，前往哥伦布曾允诺的遍地是黄金的地方，而哥伦布却要向西行驶去寻找日本国。最后船队服从海军上将的旨意，向正西方前进。翌日，空中鸟类密集群飞，哥伦布修改航向，转舵向西南西驶去。11日，他们从水上捞到绿色的芦苇和垂挂果子的树枝，还看到水中漂浮着一块小木板，一条用利器加工过的短棒，几株陆生的青草。看到这些迹象，大家都高兴起来了，因为这些都是陆地就在附近的征兆。

1492年10月11日傍晚到12日凌晨这段短暂的时间，是一个创造伟大奇迹的时刻——发现新大陆的时刻！这个时刻唤醒了沉睡了数万年的美洲大陆，引导欧洲人走出黑暗的中世纪，使人类的先进文明照亮了处于孤独状态的美洲土著。

在艏楼和中桅圆楼上的值班瞭望的船员，一个个睁大眼睛，伸长脖子，紧盯着周围的海面，并不时地交换信息：“你看见了吗？”“你没有看见吗？”“我什么也没有看见！能见度太低了，海面黑森森的！”

10月11日晚上10点，哥伦布站在旗舰“圣玛丽亚”号艉楼平台上，聚精会神地盯着前方。忽然，他发觉前边漆黑的视平线上闪动着“一团亮光”，他立刻呼喊官员前宫廷膳务官佩德罗·古铁雷斯（*Pedro Gutierrez*）也来看个究竟。古铁雷斯也看到了亮光。另外一个负责审计的官员桑切斯（*Rodrigo Sanchez*）也被叫来观看，但桑切斯说

哥伦布向水手指着美洲陆地

“什么也没有看见”。就在这时，旗舰上的一级水手、家住莱佩地方的佩德罗·伊斯基埃尔多（*Pedro Yzquierdo*）也认为自己看到了亮光，并喊叫起来：“火光，陆地！”

据后人分析，他们的船只当时所处的位置离陆地有30海里，不可能看到陆地上的火光。有人说这是超自然的神火，有人说这是成群的电鱼浮出水面发出的光亮。这种光亮是个未解之谜，是出航以来他们看见的第五个奇观。

12日凌晨2点，”平塔”号上的水手罗德里戈·特里亚纳（*Rodrigo Triana*）率先看见陆地。黎明时分，陆地清楚地出现在眼前。经过36天的艰辛航行，他们终于成功了。

首次登陆

各种担忧一扫而空，全体水手共享欢乐。他们到达的地点是现在巴哈马群岛（*Bahamas*，其中心点位于西经76度，北纬24度）中一个岛屿的东边海岸。当地人称这个岛为瓜纳阿尼（*Guanahani*），意思是“鬣蜥”（agamid，一种现在已绝种的爬行动物）。哥伦布为了表示感谢上帝的恩施，把该岛取名为圣萨尔瓦多（*San Salvodor*，意思是“救世主耶稣基督的荣耀”）。如今没有人知道具体是哪座岛屿，巴哈马群岛中十个以上的岛屿与哥伦布《航海日记》（*the Navigator of Christopher Columbus*）描述相同，都是大而平坦，拥有翠绿的树木和大量的淡水。有些现代的历史学家

哥伦布抵瓜纳阿尼

认为,这个小岛其实就是现在的华特林岛(*ile Watling*,位于西经 74 度,北纬 24 度)。

他们看到岛上有人,就乘小艇举旗登陆,所有的人都因感谢上帝使他们到达这里而下跪,五体投地,以表示感恩,并流下欢喜的眼泪。

哥伦布随即以西班牙君主的名义宣布占领该岛,并且把这一切详细记录在证书之中。同来岛上的基督教徒即刻向他欢呼,拥立他为统帅。

哥伦布和水手知道这是什么地方吗?当然,这不是日本。根据《马可•波罗游记》,日本可是有金屋顶的国家,这个岛上连像样的房屋也没有。

当时有些登岛的人可能以为这是传说中的安提伊亚（*Ante—Ilnia*，或 *Antilia*）。相传日本附近有个这样的神秘岛屿，在托斯坎内里绘制的地图上就沿用这个名字。但后来哥伦布经过反复观察，认为这个岛肯定不是安提伊亚，因为它离欧洲太远了，但他相信它是印度的一部分。后来地理学家干脆把包括巴哈马群岛在内的这一地区称为西印度群岛（*the West Indies*，中心线位于西经 70 度，北纬 19 度）。

哥伦布登陆

这次探险中最让哥伦布一行人惊讶的是他们遇到从未见过的人种。这些土著长得也够奇特了，称得上这次航行中见到的第六项奇观。由于把当地误认为是印度，所以登陆的欧洲人称土著为印第安人。10 月 17 日，哥伦布第一次在《航海日记》中使用这个词，因而造成错误。

第二次远航时的随船医生尚加(*Chanca*)，曾撰文描述被称为印第安人的当地土著。他说，这里的土著全身裸体，但有在身上涂色以增加美感的习惯。他写道："他们的头发好几处被剃光。又几处留着一绺绺小辫。这些小辫编织起来式样特殊难以描述。……当地人中最显贵者，身上挂满饰物，这种模样若在西班牙出现，一定会被当成疯子。"直到哥伦布第一次探险返回西班牙后，欧洲人才在游行行列中看到这些印第安人的装扮。

一位意大利医生遇到这些被运到欧洲的印第安人，仔细观察一番后，曾写信给哥伦布说：这些印第安人是一种新的人类，也就是说，既不是基督徒，也不是犹太人、摩尔人，看上去也不像大汗的臣民，他们也不是黑人。此次地理大发现遇到的这些土著人属于一种欧洲人从未见到过的种族。19世纪的人种学家将印第安人单独归为一类——

健美的印第安人

巴西印第安人

红种人，因此地球上的人类有白、黄、黑、棕、红等五种，但后来又主张说，这些印第安人是数十万年前从白令海峡过来的黄种人，他们是原始黄种人的变种。

岛上的土著是印第安人中的泰诺族（*Tainos*），属于阿拉瓦克（*Arawaks*）语系。土著看来友善，脑袋长得宽，黑发浓密有如马鬃。由于气候适宜，他们不穿衣服，身上涂了棕、白、红等色彩，青年妇女偶尔围一条由叶片或棉线织成的腰布。男人们手持长矛，矛头不是金属做的，而是鱼齿或经过淬火的木刺。他们坐在独木舟里，用木条状的东西作桨，在水中梭行快速如鱼。独木舟是土著苦心孤诣地制作的，在雕刻上显示出高度的技巧，因而成了他们最贵重的财产。

后来哥伦布在报告中写道："此地每个酋长都有一条自用的独木舟（dug—out canoe），他以此感到自豪。独木舟从船首到船尾都绘着彩饰，精致得十分惊人。"据说，哥

奥利的印第安人

送礼给印第安人

伦布后来还见过一条长96英尺、正横8英尺的特大型独木舟。它能容纳180名桨手，所使用的桨形似铲子，速度竟能超过欧洲最快的帆船。

岛民们给水手送来了不知名的水果、鹦鹉和棉花球。有些土著鼻子上挂着小金片，水手们看了大感好奇。这些岛民大约是在公元1400年前后从南部海岛迁来的，尚停滞在新石器阶段。岛民们以砍烧为主，使用木石工具从事原始的农耕和渔猎。他们种植玉米、马铃薯、甘薯和木薯以及棉花。木薯去毒后制作的一种面饼，西班牙人称作"丝兰面包(*Sran bread*)"。他们的居所为圆锥形的茅屋，以木为架，编织藤条为墙，屋顶覆盖着棕榈叶片。室内有制作奇特的棕色陶器，简陋的小木凳，用棉线编织的"吊床"。欧洲原来没有吊床，现代英语"吊床 hammock"一词即源于阿拉瓦克语。

哥伦布原先预期会遇到黑人，当看到土著居民的肤色比想象中来得浅，他又作出新的解释。他说这是由于这些岛的纬度接近加那利群岛的缘故，此地阳光不太强烈，所以土著的皮肤不呈黑色。

在哥伦布眼中，这是个树木蓊郁、生机勃勃的小岛，但后来英国殖民者在岛上乱伐树木，开辟棉花种植园，使土地变得十分贫瘠，破坏了当地良好的生态。

登岛的水手们和土著通过手势交谈，得知附近还有许多小岛，若干岛上还有金子。哥伦布见土著性情温和，便想向他们传播基督教信仰。这当然是他一心一意要建立上帝的国家的愿望，但哥伦布也认为土著将会成为温顺的奴仆。他在10月14日在《航海日记》中写道:“这些人根本不会摆弄武器……用上50个人就能全部征服他们,并驱使他们做一个人想要做的一切事情。”以现在的眼光来看,可以说这是出自种族优越主义的心态。可悲的是,自从哥伦布发现新大陆以后,接踵而至的西班牙殖民者大事屠杀土著,唯一幸存下来的是那些经证明既有决心又有能力保卫自己的印第安人。而迎接哥伦布首次登陆的温驯、大方、好客的泰诺人,由于后来的殖民者的屠杀,今天已经绝种了。

登陆以后奇妙的48小时,水手们尽情享受生活,日子充满了甜蜜和乐趣。哥伦布的船载满各种不值钱的小物件,如金属小铃铛、镜子等,还有水手帽及一些稍值钱的衣料。装载这些货物与他自称前往日本和中国的说法,显然是自相矛盾的。日本和中国素以文明著称于世,中日两国的人民看到这些东西,必然不屑一顾。但这儿的土著还处于原始社会阶段,盛行以物易物,水手能够用这些小物品换取土著的金饰品:水手们往往用一些陶瓷碎片就换得土著的黄金。

一开始,水手就用金属小铃铛、镜子、碎盘子等小玩意儿,向土著换取棉花及食品。双方对这种交易都很满意。水手们发现到达的是一片蛮荒的土地,这与原先的期待大不相同:他们离开西班牙时,大家认为船队是要驶向高度文明的富庶国家。

10月14日,哥伦布带领所有的小船探察岛屿的其他部分,向北方和东北方划去。这天上午,他们到达该岛的东北角,站在小船上看到了一两个村落,村民们呼叫着向海滩涌来。一些人泅水来到船边，送来了淡水和食品，其他岛民仰卧在地，手指天空，以为他们是天上来客。由于礁石密布，哥伦布不敢靠岸。但他在这里发现一个可以容纳船只的港口，后人果然在这里建成了格拉厄姆斯港（*Grahams*）。当天午后，哥伦布即率船队返回停泊处。

寻找日本和大汗

哥伦布第一次西航中其余全部时间都是在寻求黄金、日本国、震旦（Cathay，印度称呼中国的古名）和蒙古大汗（哥伦布根据《马可波罗游记》，认为中国的皇帝为蒙古人的大汗，其实当时已是明朝皇帝统治），其中尤以黄金最为重要。为了向国王证明他西航成功，别的找不到不要紧，黄金却必须带回；此外，要实现他的理想，使巴勒斯坦（*Palestine*）基督的灵柩获得自由也需要黄金。

10 月 15 日，哥伦布让手下强迫 7 名土著当向导，登陆附近各小岛探查。有个土著趁水手不注意时开溜，哥伦布只好施小计笼络其他几个土著。他们每登上一个小岛就先命名，如“圣母”“斐迪南（*Ferdinand*）”。后来他们到了一个比较大的岛，就取名“伊莎贝拉（*Isabela*）”。

这些岛屿的土著，也都是未开化的土著，和圣萨尔瓦多岛的土著属于同一种族。他们允许外人自由地在岛上漫游，向游人慷慨地赠送水果，但谁也没有有价值的金首饰，西班牙人便用玻璃珠和糖浆回赠。当时，糖浆是印第安人的珍馐，因为要到下个世纪这个群岛才引入和普遍种植甘蔗，当地人唯一的甜品是野蜂蜜。

在“斐迪南”岛（*Ferdinand I.*，现在称长岛 *Long Island*。属巴哈马群岛，位于西经 73 度，北纬 40 度），探险队从 10 月 16 日停留到 10 月 19 日。他们发现，这个岛上居民的生活组织程度高于其他各岛。有些居民身穿棉织的短大衣。他们的房舍是坚固而实用的建筑，有圆顶的烟囱。在他们简陋而又十分干净的室内，安放着吊床。此外，西班牙人在这里第一次看见了家畜——一种温驯的狗。后来，随着殖民者的屠杀使得这个岛上的印第安人几乎绝灭，这种狗逃入丛林中，变成了野狗，成为令新来的英国殖民者农场主讨厌的动物，上世纪也被猎杀殆尽。哥伦布当时还注意到，在长岛上除鸟以外，没有绵羊、山羊或其他动物。缺少哺乳动物是这个群岛动物群的特色。哥伦布首

新大陆的蛇和水果

次在一块地里见到了玉米，对这种植物他还以为是一种黍。

哥伦布发现，在“伊莎贝拉”岛（*Isabela I.*，现在称克鲁克德岛 *Crooked I.*。属巴哈马群岛，位于西经 74 度，北纬 22 度）上，美丽的风景超过其他岛屿。这里也有一些较大的湖。岛的四周树木苍翠欲滴，绿色覆盖着整个岛屿，草色青青，鸟儿在歌唱，悦耳动听，令人流连忘返。成群的鹦鹉在空中盘旋，遮住了明亮的阳光。这里有各种各样的鸟，而且和欧洲的鸟大不相同，构成了一大奇观。远处的树木种类繁多，各种水果挂满枝头，到处洋溢着温馨的气息。哥伦布还仔细观察这里的海洋动物，他写道：“这里的鱼和欧洲的鱼极不相似，有些像公鸡，色彩斑斓，在水中游动千姿百态。”

做向导的土著，打着手势，告诉哥伦布说：

“在西南方还有更大的岛，叫作科尔巴，那里有更多的黄金、珠宝和香料等。”

哥伦布极感兴奋，心想，那必定是黄金之国日本了。

于是，下令向西南疾驶而去。

偏偏风向不顺，好不容易在 10 月 27 日傍晚，落日的余晖映照出东方的群山——一个大岛出现在天际。

来自瓜纳阿尼岛的印第安向导所说的科尔巴，就是现在的古巴岛（*Cuba Island*），住在该岛的土著就称它为古巴。

10 月 28 日，他们来到今天古巴的拉·巴依阿·巴里耶（*La Bahia Bariay*）港湾。哥伦布以西班牙国王名义宣布占领这个大岛，并以西班牙王子胡安的名字，命名该岛为胡安纳岛(*Juana I.*),但这个名字没有流传下来,该岛的阿拉瓦克(*Arawaks*)语名字“古巴”(*Guba*,“大地”之义)一直沿用至今。印第安向导用手势比划着这个岛上的情况:这个岛有许多港湾,有10条大河;地域广阔,乘独木舟划行20天也绕不完这个岛。

哥伦布被岛上的热带风光深深地吸引住了。他写道:“阳光把这片景象染上了一层金色,对它作一番描写,我是无能为力的。陡峭的山峦使我想起西西里岛,幽深的山谷,野花烂漫的草原,浓绿的森林,抖颤着斑斓翅鞘的昆虫,鸟儿彩色的羽毛熠熠闪光。一条宽阔的河流引我去探察这个小岛,河流两岸矗立着郁郁葱葱的大树,丰硕的果实结满枝头。”他又写道:“这片明艳的花园、绿油油的树木,迷离诱人。坦率地说,我不忍舍此登陆而去,这是我迄今所见到的岛屿中最美丽动人的岛屿……”

这个地区的后面山岭耸立。在这些山岭之中,有座山使哥伦布想起了位于伊比利亚半岛(*Iberian Pen.*)格勒纳德王国(*Kingdom of Grenade*)的“情人岩”。相传从前有个名叫曼钮尔的基督徒与一位名叫莱娜的摩尔人相爱,由于宗教不同,女方的父亲激烈反对,两人出逃,逃至此山时盛怒的父亲已追上来,一对恋人只好跳岩身亡。

西班牙水手们其实指望这里就是日本国,然而,这里海岸边既没有印第安人向导所说的大船和水手,更没有佩带着黄金珠玉的仕女和商人!这使哥伦布和船长们十分诧异。哥伦布弃舟登岸,见茅屋两所,为棕榈树叶搭成,并非“黄金盖顶”,不免更觉纳闷。日本人在哪儿?他走进茅屋，早已人逃屋空，只剩下一只不会吠叫的狗。屋内还生着火，只有用“棕榈叶条编织成的绳子和渔网，还有角制的鱼钩和骨制的鱼叉”。

然后，哥伦布乘小舟溯河而上，他发现此地秋天的气候相当于安达卢西亚的春天，眼前景致让人心花怒放，树木高大，处处奇花异草，水果和蔬菜种类繁多，见所未见。

新大陆的异禽怪兽

哥伦布想，这儿显然不是日本国，但可能是契丹（中国，当时欧洲人称中国为契丹，*Khitan*，Catay 如俄语中的中国 Китай，就源于契丹）的边缘。为了寻求中国（想象中的大汗的中国）的京师（*Guisay*，传说中大汗居住的京都）、杭州（马可波罗称杭州为“行在”，即临时首都，其实杭州是南宋的国都，不是大汗的都城），哥伦布命令起锚沿着海岸向西航行。前进约 6 千米后,看到一条出口不大的河,哥伦布将其命名为“月亮河”(*Rio de la luna*)。继续向西,又看到一条比上一条大得多的河,宽阔如海,哥伦布将其命名为“众海之河”(*Rio de Mares*),即今天的希瓦拉港所在之地。这是哥伦布首航以来所见的最好的港湾。哥伦布看到岸边有一个村庄,为了得到关于契丹的消息,他派遣两条小船带着从瓜纳阿尼岛抓来的向导,准备进村找当地居民对话。

哥伦布从瓜纳阿尼岛抓来的向导中,有一名青年十分聪敏,已能借助手势粗通哥伦布及其船员们的意思。首航以后,这名瓜纳阿尼土著青年跟随哥伦布到达西班牙,接受了天主教的洗礼,哥伦布给他取了一个西班牙名字:迭戈•哥伦(*Diego Colon*)。

这时,迭戈•哥伦等土著被派上岸去与当地人对话,但是,村子里的男女老少见有船来立即逃之夭夭。哥伦布下令不准动居民的任何东西。他在《航海日记》中记述道:“这里的房屋很大,看来离(中国,也就是契丹)大陆越近,房子也越好。”他还看到一种头颅骨,因而推断说:“岛上可能有牛或其他牲畜。”这也是一种错误的推断,其实,新大陆的牛、马、驴、骡都是后来引进的。

10 月 30 日,船队顺风向西驶到一个长满棕榈的海角,哥伦布将其命名为“棕榈角(*Cabo de Palmas*)”。由于刮起了北风,哥伦布命令驶回希瓦拉港,并在此待了 11 天。

水手和土著交流日益频繁,语言造成的误解也就越来越多。当水手们询问在什么地方可以找到金子时,古巴当地的土著人不约而同地指向内地，并回答说："纳坎，古巴纳坎！"在古巴土著的语言里将"中部"叫作"纳坎"，哥伦布将"古巴纳坎（*Gubanacan*）"误解成《马可·波罗游记》中所说的"忽必烈汗（*Kublai Khan*）"。对于古巴土著来说，无非是表示内地有酋长的地方，但哥伦布却推想那里一定是蒙古大汗在汗巴里（Khan Bary，大都，即今天的北京）的宫廷了。哥伦布还从古巴土著的手势中，误认为从这里到中国大汗（即《马可波罗游记》中说的大汗）的驻地只有 4 天的路程。

1492 年 11 月 2 日，星期五，海军上将哥伦布郑重地派出一个由 4 人组成的朝觐中国大汗的使团。哥伦布任命船队的官方译员托雷斯（*Luis de Torres*）担任使团首领。此人是个犹太人，会说希伯来语（*Hebrew*）、迦勒底语（*chaldeen*）和其他几种古老的语言；另挑选旗舰上的一级水手、阿亚蒙特人罗德里戈·德·塞雷斯（*Rodrigo de Jerez*）随行，他曾经在非洲几内亚与一位黑人酋长打过交道，想必具有对付异教徒的经验；此外，还派了两名印第安人陪同前往。使团携带了拉丁文的护照（通行证明）；1492 年 4 月 30 日国王和女王签署的拉丁文国书，哥伦布临时在开头填写了中国大汗（当时写的是契丹大汗）的称号；还有馈赠大汗的一份丰厚的王室礼品等。哥伦布命令他们必须在 6 天之内返回锚地；并再三叮嘱他们朝觐中国大汗的礼仪，强调必须与大汗建立友谊并了解各种信息。

寻找大汗的使团走后的两三天里，哥伦布命令船员们分头上岸与村中居民沟通以了解情况。在田野里，哥伦布看到许多豆科植物，薯类和棉花。棉花是新旧大陆唯一共有的经济作物，但品种不同。这里的棉花不是人为播种的，而是在山上天然生长的，长得像树一样高，一年到头有棉花可摘。11 月 4 日这一天，哥伦布首次在一个土著家中尝到了印第安人农作物的精品之一——甘薯的滋味。甘薯含有大量淀粉。这种高产农作物源自中美洲，后来在 1600 年前后与玉米一起传播到亚洲各国（大约在 15 世纪中叶传入我国福建、广东）每一个穷乡僻壤的角落，充当了“穷人半年粮”的角色，将旧大陆许多人从饥饿的威胁下拯救出来。经考证，玉米也原产于拉丁美洲，印第安人土著称玉米为“马伊斯（*mais*）”，现代英语称玉米为“maize”，即源于此。哥伦布在古巴发现玉米后，称之为“印第安人种子”，并将其带回欧洲。欧洲人将玉米称作“印第安古文明之花”，古印第安文化被形象地喻为“玉米文明”。马铃薯也原产于美洲，印第安人称其为“帕帕（*Papa*）”。哥伦布将其带回西班牙后，这种农作物陆续传入欧洲各国，法国人称之为“地苹果（*ground apple*）”，德国人叫“地梨（*ground pear*）”，俄国人叫“荷兰薯（*Netherland's potato*）”。初时，马铃薯非常珍贵，1565 年，西班牙国王曾将其献给罗马教皇（Pope）；19 世纪初期，俄国彼得大帝（1672—1725）游历欧洲，在荷兰买到了它，回国后种在御花园里。大约在 19 世纪初马铃薯传入中国。马铃薯后来在欧洲，充当“平民的粮食”，解决了许多人的吃饭问题。1848 年，欧洲因马铃薯歉收，引发了全欧洲的革命。

哥伦布探险的目的，除了寻找黄金之外，还打算搜罗各色香料。哥伦布在《航海日记》中说找到了他所要的东西。对此,他这样记述,大概是在没有找到黄金的情况下对心理失衡状态的弥补。但依据日后的事实来看,这显然是不实之词。

11 月 4 日,“平塔”号船长马丁•阿隆索•平松拿着两块树皮来见哥伦布,说他发现了肉桂树。哥伦布知道肉桂是香料的一种,亲自跑去一看,发现它们并非肉桂树,而是当地一种类似肉桂香味的植物。水手们拿出从西班牙带来的东方香料标本给土著看,泰诺人说他们这儿也有。11 月 5 日,“尼尼亚”号水手长从一种秋葵叶子里割取到一点树脂,说找到了乳香,来向海军上将请赏。哥伦布也认为那就是乳香,并留下了标本。可事实上不是,这里的花卉、动物和欧洲的十分不同,水手想要的桂皮、芦荟、麝香等东西,这儿根本找不到。

11 月 5 日晚,海军上将哥伦布焦急等待的使团终于回来了,他们没有找到大汗(指蒙古人的忽必烈大汗),也没有看到契丹帝国的宫殿。哥伦布感到十分困惑和失望。使团的人报告说:他们溯河上行,走了约 67 千米,发现一个有 50 多户人家的村落,约有上千居民,他们居住的棚屋用棕榈叶盖成,很大,状如兀鹫,一座棚屋可住许多人。印第安人以为他们是从天而降的神人,把他们奉若上宾,用椅子抬着进入主要住宅,坐在酋长所坐的雕花座位上。在各种礼节完毕之后,妇女和儿童才被允许来观看这些“天外来客”。他们怀着敬慕之情亲吻来客的手和脚。他们力劝客人在那儿住上一两个星期,但是西班牙人看到该处根本不像一座城市，于是便回来了。临走时，如果他们同意那些土著人跟着走的话，准会有500男女一起走，因为这些土著人以为他们要回天上去了。结果，他们在当地酋长及其儿子和仆人们的陪同下返回了希瓦拉港。哥伦布在小船上招待酋长父子。哥伦布曾打算将他们父子扣留带回西班牙去，但一到天黑，他们便开溜上岸走了，口里说隔日再来，但一去不返。

如果说使团没有见到万王之王——大汗（根据《马可波罗游记》，这里的大汗为忽必烈汗）的话，但他们却遇到了势力更大的“统治者”——尼古丁大王（烟草）。使团中的西班牙人对土著的一种习俗十分好奇：不论男女，土著的手中都有一根燃烧着的木棍和一些植物叶子，他们用木棍点燃植物叶子，吸收其冒出的烟雾。这种植物叶子就是烟叶。这些印第安人是将烟叶卷起来，点燃后吸烟的。他们将烟叶卷的一端插入鼻孔，用燃烧的木棍点燃另一端，在吸上二三口烟后将烟叶卷递给朋友吸或将其熄灭。由于吸这种烟雾，那些人肉体麻木甚至感到醉晕，据说这样他们便不觉得疲劳。这就是在古巴发现烟叶和吸烟的经过。40年后，西班牙来新大陆的殖民者就普遍吸烟了。100年后，烟的使用遍及了整个欧洲，任凭君主和牧师的反对，男人和女人还是照样吸。

烟草源自中南美洲。印第安人阿拉瓦语称烟草为“科希巴（*cojiba*）”。现代英语将烟草译作“泰白考”（*tobacco*）。除了甘薯、玉米和橡胶外，烟草是新大陆奉献给欧洲的另一宗礼品。它像黄金一样贵重，因为烟草生意撑破了许多烟草商人的钱袋，在禁止无效的情况下，各国政府发现烟草生产和消费可以为国库增添巨量财富，烟草专卖遂成为许多国家的一项稳定收入固定下来。从此，吸烟的燎原之势不可阻挡，传遍了全世界其他地方。

如今，吸烟对人类的危害，从损害健康到威胁生命，从污染环境到破坏生态等，越来越被人们所确认。烟草给人类带来的这种沉重后果，自然是哥伦布及其船员始料不及的。有人说，这种严重后果是被绝灭的“阿拉瓦克人的报复”——对于殖民主义者来说，一点也不算过分；但对全人类来说，就似乎不妥了。

在古巴岛停留期间，在与岛民接触中哥伦布还听到一些奇闻异事。有些印第安人说，有一种长尾巴的人，栖居在古巴西边一个叫阿瓦恩（哈瓦那 Havana）的地方。哥伦布将此消息作为他到达东方的佐证之一。因为马可·波罗曾说，东方一个叫“兰布里”（南巫里 *Banda Aceh*）的王国发现一种生有尾巴的人。不过，马可·波罗所说可能是东南亚丛林中的一种猩猩或猿类，古巴土著

加勒比群岛上的男人和女人

人所说则可能是一种猴子。西班牙人在国内都读过《约翰·曼德维尔爵士游记》(*The Travels of Sir John Mandeville*)这本书,书上说东方有长着一只眼睛和狗样的头颅的人。当他们向土著打听这种人时,土著说在距古巴很远的东南岛上的确有一种独眼人和狗鼻人,喜食人肉,每捉到男人就砍其头喝其血,或割生殖器养肥后杀而食之。岛民说,这种人叫"加尼巴人"(*Canibas*),他们正在和其交战。哥伦布误认为加尼巴人一定是大汗帝国的人,也就是中世纪的书中所提到的长狗头的人。事实上,哥伦布是被发音给弄迷糊了。土著说的是"加里巴人"(*Caribas*),也就是吃人肉的加勒比人(*Caribs*, *Caraibes*)。这名称后来演变为英语中的"食人者"(*cannibals*)。但是,加勒比人绝不是专以食人为生的种族,他们是优秀的渔猎者和农人,主要食用美味的龙虾和甘甜的薯类、玉米及豆类、水果。

但加勒比人的确凶悍,连后来的西班牙殖民者也望而生畏。在西印度的殖民扩张中,西班牙人只到圣克鲁斯岛(*Santa Cruz*,位于西经 62 度、北纬 17 度)以西为止,该岛以东的加勒比人居住集中地区,则留给以后的法国人和英国人了。

过了圣克鲁斯岛,则是小安的列斯群岛(*Lesser Antiles*,中心线位于西经 61 度、北纬 15 度)。在那儿,这些食人肉的加里巴人四处袭击阿拉瓦克人,逼得阿拉瓦克人无路可逃。

11 月 11 日,哥伦布在《航海日记》中说:"这里的人们(指阿拉瓦克人)不知道什么是邪恶……而且如此胆怯,以致我们的一个人戏弄一下,就能吓跑他们100个人。”可是,作为对这些不抵抗暴力的人的报答,他下令绑架了5名上船做告别访问的年轻人,接着派小艇载船员上岸抓获了大小7个妇女和3个小孩,哥伦布打算把这批印第安人带回西班牙献给国王陛下,训练他们为传播基督教充当翻译。当晚,一名45岁的男子驾着独木舟来到船上,甘当俘虏,要求与他被抓的妻子和3个孩子在一起。这种与家人共患难的高尚行为,使哥伦布及其船员们惊奇得目瞪口呆。哥伦布在《航海日记》中写道:“我这么做的目的,是为了使抓来的印地安男人到西班牙后,由于有他们本地的女人做伴,可能会安心一些。”然而,这15名被抓的印第安人,除了两名青年后来在关塔那摩湾逃走以外,其余的人没有一个在这次航行中活着到达西班牙。

黄金的诱惑

哥伦布发现这些被抓来的印第安人身上有黄金首饰,当问及他们佩带的黄金来自何处时,有的印第安人准确地朝东指着海地岛。有一个土著佩戴的金饰品极引人注目。这个土著打着手势说,有个叫“巴贝克”(古巴东部的大伊纳瓜岛,*Inagua*,属巴哈马群岛,位于西经73度、北纬21度)的岛屿,那儿的人夜里点着火把在海滩上捡金子,然后将金块锤成金条、手镯和耳环。这一消息无疑对哥伦布和“平塔”号的船长马丁•阿隆索•平松都是一个极大的诱惑，并在后者的内心播下叛逃寻金的种子。11 月 12 日，黎明时分，哥伦布命令船队自希瓦拉港起锚向东南航行，驶向那个叫作“巴贝克”的岛屿。这天顺风张帆，沿途虽经几个港湾，哥伦布无意停留，径直向前驶去，闪闪发光的“巴贝克金滩”似乎在前面向他招手。

11 月 14 日凌晨，强烈的大风转为东北顶头逆风，船队被风吹向偏南，寻找“巴贝克黄金岛”已不可能。傍晚，哥伦布大胆引船驶入一段曲曲弯弯的航道之后，眼前豁然开朗，原来船队到达著名的关塔那摩湾（*Guantanamo*，Bahia de，位于西经 75 度、北纬 20 度）。

关塔那摩湾水域辽阔，岛屿密布，岛上树林葱郁，美丽挺秀，有的小岛山崖壁陡如钻石刻刀，峭然而立；有的小岛顶部平坦如餐桌。这是一个天然避风港。

11 月 16 日，哥伦布带领船长们乘小船登岸考察。他看到一种古巴的胡桃树，认为这种坚果树就是马可•波罗所说的印度椰子树。马可•波罗是第一个描写椰子树的欧洲人。其实，椰子树源于东南亚，加勒比海（*Caribbean Sea*，中心点位于西经 73 度、北纬 15 度）地区的椰子树是在哥伦布以后才引进的。

11 月 17 日，从古巴希瓦拉港抓来的一群印第安人中，有两个年龄较大的青年乘机逃脱上岸溜之大吉。

11 月 21 日，发生了一件出人意料的事：马丁•阿隆索•平松乘“平塔”号离岛而去。显然，哥伦布探索进展缓慢，平松大为不满；另外，他也许对哥伦布独揽大权也不以为然——他一直把哥伦布当合伙人，而不当他是首领。

马丁•阿隆索•平松急于寻找黄金，可是印第安人总是说金子在远方。在古巴岛的某个地方，平松遇到一些头上戴了羽毛的印第安人，大力阻止水手登陆，可是，双方实力相距甚大，几个回合之后，土著只得逃之夭夭。哥伦布不理会平松离去这事，继续前行。

11 月 24 日上午，哥伦布的两只船在大莫亚湾靠岸，这儿的高山峻岭和潺潺流水以及飞流直下的流泉飞瀑令哥伦布神往。

11 月 26 日早晨，船队从大莫亚湾起锚，经过皮科角（*Cabo del Pico*），即现在的瓜里科角（*Guarico*），海岸转南。不久，他们看到一个突出的岬角，哥伦布将其命名为钟角，今称普拉塔角（*Cabo del Plata*）。随后，船队看到沿岸接连有 9 个港湾和 5 条大河。岸边风光甚美，群山妖娆多姿而又巍峨雄奇，但坡度平缓，容易攀登。山间有秀丽的山谷，如同山峦上一样遍布枝叶繁茂的森林。

11 月 27 日拂晓，船队漂移离岸很远，哥伦布回首望见一座高耸的方形山矗立在一片水域之间，这就是古巴东北部著名的埃尔云克山。这天中午，两船升帆朝东南驶去，哥伦布发现一个奇特的港湾，下令落帆抛锚，并将此港命名为“圣波托港”，即现在的巴拉科阿港（*Puerto de Barahona*）。哥伦布乘小船到港口探索，向南进入一条河流。但见沿河两岸郁绿苍翠，空气清新，河水清澈见底，鸟语花香，田野秀丽，树木繁茂，气候宜人。于是他在《航海日记》上写道:“这里有良港,环境优美,是修建堡垒的理想的地方。”由于他在《航海日记》中这样鼓吹和推荐,后来,第二次西航的参加者迭戈•贝拉斯克斯于1512年带领300名西班牙人和非洲黑奴征服了此地,建立了西班牙在古巴的第一个殖民城镇,取名亚松森•德•巴拉科阿。

由于天下大雨,船队在巴拉科阿港停泊了7天。当地印第安人手中除了矛枪和贝壳外,别无他物。由于没有发现黄金,海军上将哥伦布大感失望,决定尽快离开这里。12月4日凌晨,哥伦布的两只船驶离了圣波托港,向东偏南航行。日落时分到达古巴东端迈西角的弗赖岬(*Fray, Cabo del*),哥伦布将其命名为“美丽岬”。哥伦布误以为古巴的迈西角就是亚洲大陆的东端,因而取名“阿尔发和奥米加角”(意为“始末角”)。

12月5日上午,哥伦布决定要尽快赶到巴贝克岛(大伊纳瓜岛)去。然而,天公不作美,东北信风强劲地吹来,好像要再一次阻止海军上将去巴贝克岛似的。不久,哥伦布在右舷前方遥见一块陆地。这就是来自瓜纳阿尼岛的印第安向导们常常提到的“博希奥(*Bohio*)”岛,哥伦布早已耳闻,但住在该岛的阿拉瓦克土著称它为海地(*Haiti*)岛。这样,哥伦布临时改变了计划,决定不必冒着来自东北的顶头逆风去巴贝克,而径直驶向海地岛(“博希奥”岛)。

伊斯帕尼奥拉岛

12月6日黎明，哥伦布到达海地岛的西北角。他朝东看到远处有一座岛屿像乌龟，便给它取名为“龟岛”（*Tortoise*，也就是托尔图加岛 *Isla de la Tortuga*）；朝南望见海地西北角，命名为“星角（*Cape of Star*）”。午后，两条船驶进港湾。因为这一天按西俗是儿童保护神圣尼古拉斯（*St. Nicholas*）的节日，哥伦布给这个港取名圣尼古拉斯港。这儿是他已发现的最好的一个海港，海水深，清澈见底，海港深处是一个完全由陆地包围的内港（今天的卡勒纳吉湾 *Bahia de Carenaghy*）。

12月7日早晨，两船起锚开航，走出港口后，西南风帮助它们很快地绕过圣尼古拉斯莫莱角，然后沿着海岸向东方前进，中午到达托尔图加海峡（*Strait of Tortuga*）西部南岸一个群山怀抱的港湾。因大雨将至，使落帆抛锚。因次日（12月8日）是圣母受孕节，哥伦布以其意命名此港为“康塞普西翁”港（*Puerto de Concepcion*），即现在的莫斯蒂克湾（*Bay of Mustique*）。船队在此滞留了七八天。站在港口可以清晰看到海峡对岸巨大的龟岛。12月9日，哥伦布与船上的王室官员们商讨一番，因为这里的一切都使人想起西班牙，决定将海地岛命名为伊斯帕尼奥拉岛（意为“西班牙岛”Spain Island）。次年（1493年），就开始变为西属中南美洲（*Central and South America of Spain*）的第一块殖民地，成为哥伦布荣辱相系的场所，也是后来哥伦

到达西班牙岛

布遗骨的最后归宿。

伊斯帕尼奥拉岛(西班牙文为 La Isla Espanola)的通用英语译名为 Hispaniola,今天美国就用 Hispaniola 称呼该岛,并应用于地图和其他出版物中,以消除海地和圣多明各两个地名之间的混乱。海地是阿拉瓦克人给该岛取的名字,现在只限于讲法语的海地共和国(*the Republic of Haiti*),位置在西部,面积只占全岛的 1/3。圣多明各(*Saint Domingue*)原来是一个城市的名字(该城市由巴托罗梅•哥伦布建于 1496—1497 年),也曾被西班牙人用以称呼全岛,现在只限于称呼多米尼加共和国(*the Dominican Republic*)。这个共和国位于伊斯帕尼奥拉岛东面,面积占全岛 1/3。伊斯帕尼奥拉岛早已不属于西班牙,于 1697 年割让给法国。

哥伦布的翻译人员并不懂海地土著的语言,误以为海地比古巴岛大,而且误认为岛上住的是会吃人的加勒比人。哥伦布倒是这样想:这些居民其实并不吃人肉,他们是大汗帝国的臣民,经常劫持外来人,由于被劫者有去无回,外界才会以为是被加勒比人吃掉了。其实,海地岛是哥伦布探险中最后一个发现仍有泰诺人踪迹的岛,哥伦布以后去的各岛屿中再也没发现泰诺人。显然,这里的泰诺人对外来人存有戒心,他们之间以烟火传递消息,互相告知有外人闯入。

12 月 14 日,哥伦布的两只船又出发寻找巴贝克岛,因遇逆风折回原地;第二天,重新启程,在托尔图加海峡作抢风航行,到达特罗伊斯河口(*Troyes River Mouth*)。特罗

哥伦布最先遇上海地土著

伊斯河是一条非常清澈的河流。

12月16日凌晨，哥伦布乘夜间陆地风从特罗伊斯河口出发，在托尔图加海峡艰难地行进。上午9点左右，他们在风浪最厉害的海峡中部，看见一个孤单的印第安人驾着一叶独木舟差点被海浪吞没。他们救起这个印第安人，并送他一些礼物，然后在现在的派克斯湾（*Bahia de Paix*）附近将这个印第安人送上岸去。这样做并非出于仁慈，而是“放长线钓大鱼”，并且立刻见效。不大一会儿，有一个头戴羽饰的年轻土著首领突然在岸边出现，在一旁鼓噪助威的有500人之多，全部赤身裸体。哥伦布派保安和消防长官迭戈·德·哈拉纳带一译员上岸，给土著首领送去礼物并打听黄金和巴贝克岛的情况，这位土著首领随即提供了一些重要信息。当日黄昏,年轻的土著首领和随从上了哥伦布的旗舰,哥伦布用卡斯蒂利亚的美食款待他们。

12 月 18 日,这天是基督教的"天使报喜节"(天使在这一天告知圣母玛丽亚 *Virgin Mary*,说她要怀孕生子并取名耶稣),哥伦布下令用彩旗为两只船披上盛装。年青的印第安酋长出现在海滩上,随后带领他的随从走上了"圣玛丽亚"号。他送给哥伦布一条做工精细的腰带和两块加工过的金箔,哥伦布则回赠一袭帐子、一串琥珀珠子、几双红鞋和一瓶橘子水。欧洲白种人和美洲印第安人的交易是在这种和谐而平静的气氛中开头的,但这种交易对印第安土著来说是灾难性的,最终以成千上万的伊斯帕尼奥拉岛上的土著人被杀害作为代价。

水手们到处打听金矿。哥伦布从一个印第安老人那里得知,560 多千米外有许多相邻岛屿,有些岛上黄金很多。老人甚至告诉他有一个岛全是金子,另一些岛屿上的金子可用箩筐装,那儿的人用金子制成金条和成百上千种工艺品。老人指的可能是遥远的哥斯达黎加(*Costa Rica*),那儿印第安人确实在炼金和铜。

哥伦布深信产金地区是在这儿的东方。12 月 18 晚,他下令启航离开派克斯湾附近的锚地。他们沿海岸探索,于 12 月 20 日到达一个美丽的海湾,因次日是托马斯节(*Thomas*,基督教十二使徒之一),哥伦布命名该海湾为圣托马斯湾(*Santo Tomas*,现在的阿库尔湾 *Bahia de Acur*)。哥伦布以感人的笔调描写他发现的美丽风光:"在这里连绵的群山上绿树成荫,遮天蔽日,群峰高耸入云,以致令人误认为它们的峰巅与天际衔接。”

这天在进港之前，经过港外一个小岛，探险队发现岛民正在挖掘树根。哥伦布惊喜地认为这就是中国的药材大黄，便采集树根样品加以收藏，作为他已到中国的证据之一。事实上，这不过是产在新大陆的一种类似大黄的热带植物，并非真大黄。

12月21日，哥伦布乘小船巡视港湾，村子里的男男女女站满岸边，送来白色薯芋食品、坚果和五六种水果以及用葫芦或陶罐盛装的淡水。这些人没有任何武器，身材高大，全都赤身裸体，民风特别原始纯朴、慷慨大方。哥伦布派6名船员去察看印第安人的村庄。船员走后，有几条独木舟载着村庄头领来访问哥伦布，力邀他去回访他们。哥伦布在这一天去看望了他们。在这里，印第安人心甘情愿地送礼和有利于白人的物物交换，一幕又一幕地重复出现。

12月22日，哥伦布本想开船，但逆风太大，只好作罢。这天，一位名叫瓜卡纳加利(*Guacanaguari*)的大酋长，派遣他的总管乘独木舟来到大船停泊处，献给哥伦布一件最珍贵的礼物：一条上面绣有红色和白色鱼骨图案的宽约四指的腰带，工艺精湛，带子正中镶嵌着一个用黄金制作而成的带有耳朵、鼻子和舌头造型的金面具。瓜卡纳加利是统治整个海地西北部的大酋长，他的活动中心在海地角(*Cap—Haitien*，位于西经72度、北纬19度)的另一边。他的总管向哥伦布转达了大酋长邀请“天边的来客”前去访问的意愿。哥伦布决定接受邀请，但由于逆风受阻未能启程。他首先派遣一只小船由当地独木舟引导去报告行期，并沿途考察一下航行路线。

下午，他派6名船员到西边17千米的另一个村庄去，由船队秘书官罗德里戈•德•埃斯科维多率领，目的是察看当地的印第安人是不是诚实。结果那个村庄除赠送棉织品和小金块以及3只大肥鹅等礼品外，还全村居民出动护送这个使团回船，争着将西班牙人背在肩上蹚过河流和沼泽。

当天晚上到翌晨，仍有上千人乘坐大批独木舟环绕旗舰，争献黄金。在土著眼里，黄金不过像一只贝壳、一颗鱼牙、一块陶片一样，不值得珍藏，不像部分欧洲人那样嗜金如命。土著来此只为一睹“天神”风采。哥伦布吩咐水手们乘机频频询问黄金产地，土著人纷纷指向东边或内地。哥伦布两天来看到的金块成色不错，相信金矿就在这个岛上。

12月23日，海军上将哥伦布原来打算就在这个圣托马斯湾(阿库尔湾)欢度圣诞节，因为在这里他们与当地村民关系融洽，但由于大酋长瓜卡纳加利的盛情邀请，他改变了计划。

当晚，昨天派出的小船从大酋长瓜卡纳加利的驻地返回，随来的还有一名大酋长的臣仆。出使的水手报告说，那里有一个2000多人的村子，印第安人都渴望见到海军上将。哥伦布想到，那里一定是个过圣诞节的好地方。水手们还带回大酋长赠给海军上将的礼物，其中有黄金和鹦鹉等。更富有吸引力的是，那名大酋长的臣仆说，他们那里内地有个地方叫作“西瓦奥(*Cibao*)”,就是黄金的产地,那儿有大量的黄金,酋长的旗子就是金箔做的。而哥伦布——他想象力实在是丰富——把这名字理解为“希盘古”(*Cipango*,意大利文对于日本国 *Tchipango* 的译音),便以为这是日本。

圣诞节遇险

12 月 24 日,日出之前,哥伦布拔锚启程,驶离圣托马斯湾(阿库尔湾),顶着逆风,朝着东边大酋长瓜卡纳加利的驻地方向航行;直到黄昏,两只船才驶近一座高高的岬角。因为第二天就是圣诞节,哥伦布将此岬命名为“圣塔角”,即现在人们所称的海地角。

当晚,“圣玛丽亚”号越过圣塔角,到达距此角东边约五六千米远的海面上。“尼尼亚”号在前面开路,与旗舰已相隔一段较长距离。哥伦布前两天已派水手对圣塔角以东 20 海里处进行过考察,因而,这时麻痹大意,一点也没感到有碰上浅滩或礁石的危险。由于近两天来好奇的印第安人昼夜不停地环绕旗舰喧嚷,哥伦布和水手们已有两天一夜没有睡眠了。夜间 11 点钟,哥伦布与接班的船主兼驾驶长胡安·德·拉科萨(*Jean de la Cosa*)闲聊几句,和衣躺下就入睡了。

也许是第二天就是圣诞节,水手们白天欢庆过度,等哥伦布老总一走开，这些瞭望员、见习水手和其他值中班的人员立刻就在甲板上选个安稳的地点呼呼大睡了。胡安•德•拉科萨环顾四周，看不见一丝风的迹象，便命令舵手（指挥舵手是他的职责）说，如果天气有变化就叫醒他，吩咐过后他就睡觉去了。不久，舵手也打起瞌睡来了（他已打过一两次瞌睡）。他觉得自己已支持不住就踢醒一个环索工（他的职责只是翻沙钟），叫他掌握这个巨大的难于操纵的舵柄（这种做法是哥伦布绝对禁止的），自己就蜷缩在驾驶室里睡着了。因此，旗舰上 40 名船员和见习水手（不算印第安俘虏）除一个小环索工以外都睡着了。

这个青年人有感于自己的命运多舛，他仰望着天鹅绒般的幽暗的星空，由于空气十分潮湿，月亮周围出现了虹圈，他觉得这里的苍穹令人沉闷，不像欧洲寒冷而明亮的冬夜。一切使这个心绪不安的年轻人感到陌生和压抑，油光平滑的水面使这个孤独的人迷惘恍惚，他难道没有听见远处汹涌的激浪撞击海地角前方礁石发出的巨响？

接近午夜时分，灾难发生了。永不停息的海流推动着船体，悄悄地将它托上卡拉科尔湾西边的一个倾斜的礁滩。船身开始颠簸起来，发出龙骨碰到礁石的刺耳的吱吱声。困倦的年轻人开始还没有被震醒，直到感到船舵触地和听到紧挨船底有隆起的地块撞船的声音，他才大声喊叫起来。哥伦布闻声，立即登上甲板，对着睡眼惺忪的胡安•德•拉科萨大声地呼叫并指示他，赶快将系在船尾的小船拖来，将大锚装上小船拖到船尾深水处抛下，以免大船再向礁石上滑动；然后将绞索连到船头的大起锚机上绞起船头;将小船系住大船尾部,由水手拼命划动小船,将大船拖出搁浅处。当时的情况还是可以对付的,但这个船主兼驾驶长不听从哥伦布的命令,反而和几个水手登上小船就一起惊慌失措地向两海里远的“尼尼亚”号驶去,以期保全自己的性命。他们的背叛行为使抢救工作失去了宝贵的时机,没有了小船,“圣玛丽亚”号陷入完全孤立的状态。就在这时,巨浪又把船冲向礁石的脊背,船舱的舱板出现了第一批断裂。为了减轻重量,哥伦布命令砍断沉重的桅杆,将不必要的重物和压舱石等抛下海。但是,当德·拉科萨等返回时(“尼尼亚”号上的船长比森特·亚涅斯·平松正确地拒绝这些胆小鬼上船,命令他们回到原岗位上去,还派出自己的小舟配备几名得力水手去尽力支援哥伦布),一切已经晚了,靠小船用锚移船已无济于事了:由于连续遭受撞击,“圣玛丽亚”号船底开裂,船内进水,它的航行就此告终。

他们只剩下“尼尼亚”号了。哥伦布让自己和同伴一齐转移到“尼尼亚”号上等待天明。瓜卡纳加利得知哥伦布船触礁后,立即带一伙土著来救援,将船上的货物全都搬上岸。全部繁重的工作差不多全在圣诞节这一整天完成了。这位酋长和他的兄弟都留心监视船上和岸上有没有货物或船只失窃的事件发生。哥伦布后来仔细检查,发现甚至连一块针绣花边、一个钉子或一块木板都不曾失窃过。大酋长获得了哥伦布赠送给他的礼物:一件内衣和一双手套,还在船上受到了饮食招待。大酋长欢喜非常,满口应承代海军统帅搜罗黄金。他打手势安慰哥伦布说,海军统帅不用着急，黄金会有的。他知道附近一个地方金子很丰富，他会下令自己的臣民都向统帅贡献黄金，统帅要多少就奉献多少；特别是有个叫西瓦奥的地方金子更多，那儿人们把金子视若废物。然后，他请哥伦布上岸，用他的正餐招待客人。哥伦布吃了他们的两三种薯蓣或马铃薯，品尝了老鼠肉和龙虾，还吃了木薯面包（*cassava bread*，土著叫卡卡比 *Cacaby*）。印第安人至诚的同情使哥伦布转忧为喜。他得出结论说，这次船难是上帝旨意预先注定的，目的在使他发现西瓦奥的金矿和建立一个殖民地。他将留下一部分人员在此，而这些留守人员将通过物物交换获得一桶金子，也会找到金矿和香料，双王有了黄金和香料就能够在三年之内前往收复圣墓（*Holy Sepulchre*，耶稣基督的陵墓，在耶路撒冷）。

没有什么比黄金更能抹干遇难者的眼泪了。由于大酋长的严厉督促，许多小独木舟从另一个地方赶来，舟上的浆手站直身子，亮出一片片的黄金，海军上将只需花一个鹰铃，就能换取四片手掌大的金子。上岸的水手跑回来报告统帅说，他们在那儿换取黄金的交易几乎是以无易有。一块针绣花边就能换到斗金。印第安人没有市场和货币等观念，黄金对他们来说毫无价值，而这些黄金如果运回西班牙，其价值就无法计算。得到了黄金，就必须想法子运回西班牙去，于是海军统帅打算踏上归程。

哥伦布下令在海岸上建立一座塔楼和堡垒，并把它取名为“纳维达德”（*La Navidad*，圣诞堡的意思），以纪念船只遇难的日子。建造圣诞堡（*Fort of Christmas*）花费了一个星期，接着 1493 年新年开始了。39 名船员不得不留在这个名叫圣诞堡的地方，住进用木板临时筑起的小堡垒。这些人由统帅的继配的堂兄弟、保安和消防长官迭戈·德·哈拉纳（*Diego de Harana*）领导，他的副手是船队秘书官罗德里戈·德·埃斯科维多（*Rodrigo de Escovedo*）和前宫廷膳务官佩德罗·古铁雷斯（*Pedro Guttierez*）。其他的留守者具有一技之长的有船队的官方译员、路易斯·德·托雷斯（*Luis de Torres*）；两名外科医师马埃斯特雷·胡安（*Maestre Juan*）和马埃斯特雷·阿隆索（*Maestre Alonso*），“百发百中的枪手”、油漆工迭戈·佩雷斯（*Diego Perez*），旗舰水手长、巴斯克人查丘（*Chachu*），桶匠多明戈·比斯卡诺（*Domingo Vizcaino*），成衣匠胡安·德·美迪纳（*Juan de Me-*

圣诞堡

dina)，两名木匠安东尼奥•奎利亚尔(*Antonia de Cuellar*)和阿隆索•德•莫拉莱斯(*Alonso de Morales*)，捻缝工洛佩(*Lope*)等。他们有酒，有饼干，有从旗舰抢救出来的其他补给品，还有船上卸下来的炮和小救生船以及播种的种子，可以长期生存。哥伦布委托大酋长瓜卡纳加利照顾这些人，并在他面前发射一颗石弹，把半沉的大帆船一侧打得粉碎。为了返来时找得着原来的地方，哥伦布勾画了一幅海地岛西北部的草图：这是他亲手绘制的地图草稿中唯一流传到后世的。从这张图上可以看到，他对地形掌握得很准确，图上沿海地势的起伏则稍嫌夸张了些，不过这是那时的人画地图时的通病。

1493 年 1 月 2 日，哥伦布登陆向大酋长瓜卡纳加利告别；1 月 4 日，哥伦布下令拔锚启航，他指挥船只小心翼翼避开浅滩礁石，到达外海，航向东北，直指西班牙。不久，哥伦布发现正东偏北有一个半岛，就将其命名为“蒙特克里斯蒂(*Monte Cristi*)”，意为“基督山”(*Monte Cristo*)。这个名字至今分别是多米尼加共和国西北省区和省府(Monte Cristi，位于西经 71 度、北纬 19 度)的名字。同一天，平松所控制的“平塔”号闻讯，也向东航行。

1 月 6 日，平松的“平塔”号与哥伦布的船会合。马丁•阿隆索•平松自从 11 月 21 日离队以来，已有 6 个星期之久。其间，他到达巴贝克岛(大伊纳瓜岛)，并未见到金滩。后来，他向东航行，到达蒙特克里斯蒂，在东面一个港口(大约是布兰科湾 *Bahia de Blanco*)停泊 3 个星期之久。后来据马丁•阿隆索的儿子阿里亚斯•佩雷斯说，他父亲曾从这个港口深入内地，到达势力更强大的印第安人大酋长卡奥纳波的领地，取回了大量黄金。如果这是真的而不是谎言的话，那么，最先到达西瓦奥（*Cibao*）黄金产地的西班牙探险家应该是马丁•阿隆索•平松。

哥伦布和平松见面时表情很冷漠。平松对自己不告而别并没有多做解释。哥伦布按捺住满腹怒火，毕竟他们离乡背井，而且两条快帆船的船底都有裂缝，大量进水，水泵昼夜不停地抽水，船只急需捻缝，不宜心生嫌隙。

两船共同航行的过程中，在去奥罗河（*Rio de Oro*，哥伦布称之为北亚克河，Yaque del Norte，R.，在多米尼加，出海口西经 71 度、北纬 19 度）的路上，哥伦布记录了突然从海中出现的 3 只“美人鱼”，后来这件事成为艺术作品的

传说哥伦布遇见美人鱼

题材。其实，这是一种海中哺乳类动物——加勒比海牛（*Caribbean manatee*），不久就成了西班牙贵族菜单上的上乘佳肴。

由于东来信风的阻滞，“尼尼亚”号和“平塔”号不得不停泊在卡勃拉港（*Puerto de Cabora*）消磨时光。水手们为船只捻缝，补充木材和淡水。但海军上将的主要任务是探测蒙特克里斯蒂附近亚克河下游的河道。亚克河来源于西瓦河（*Rio de Siwa*），那儿确实是伊斯帕尼奥拉岛的主要产金地。这儿的河流不乏金沙，直到现在仍然出产黄金。1494年，哥伦布就在这条河的上游建立了第一个内地堡垒。可以说，西班牙人在这儿找到了他们在新大陆的首批黄金。

1月8日午夜，哥伦布不顾东南风较为强劲，依然下令开航，并朝北东方向抢风行驶。白天风向改变，当晚两条船在一个海角掩蔽处停泊，哥伦布给此地取名罗哈角（*Cabo del Rouja*），这大概是现在的鲁西亚角（*Cabo del Rusia*）。1月10日，在航行了一段路程后，两船在布兰科港（*Puerto de Blanco*）抛锚。因为这个港口的河流是马丁·阿隆索发现的，后人就称它马丁·阿隆索河（*The River of Martin Alonso*）。哥伦布当时给这条河取名格拉西亚河（*Rio de Gracia*）——宽恕之河，表示马丁·阿隆索的离队行为已获得宽恕，但这个名称未为后人接受。

次日，船队望见托雷斯（*Torres*）的伊莎贝拉山（*Monte Isabelle*），银色的云彩覆盖了它的顶峰，因此哥伦布把它叫作普拉塔山（Monte de Plata，银山 Mount of Silver 的意思）。

他注意山麓一个港口(普拉塔港 Puerto de Plata),但没有停留。夜晚,船只一直在埃斯科塞萨湾(*Escoseza*, *Bahia de*)外缓缓游弋,因害怕触礁,不敢向东走。1 月 12 日天亮时,两条船开航,顺着一阵新鲜的西风飞速前进。黄昏时,它们绕过萨马纳角(*Cabo del Samara*),哥伦布给它起名埃纳莫拉多角(*Cabo del Enamorado*,恋人角)。两船继续沿海岸向西南前进,绕过巴兰德拉角(*Cabo del Barandra*),在萨马纳湾口附近莱万塔多岛和北岸之间抛锚。

1 月 13 日,在萨马纳湾(*Samara*, *Bahia de*)的一片美丽的沙滩旁,他们遇见了最后一批土著,而且是一群好战的印第安人,据认为是加勒比族锡瓜约人(*Ciguayos*)。他们带着弓箭,或者手持大棒,面部涂黑,头发留得很长,像妇女的头发那样,收拢在脑后,插着长长的羽毛,身上一丝不挂。当时 5 名"尼尼亚"号的船员上岸购买食品,和 50 多名这样的印第安人发生了冲突。基督徒展开攻击,使两个印第安人受了重伤。然后,印第安人转身就逃。次日来了一个赤手空拳的印第安人首领,哥伦布款待了他,送给他一顶红帽子和一串念珠。又过了一天,客人回赠了一个金头饰。

为了纪念这次欧洲人首次遇见带弓箭的印第安人的历史,后人将这个海岬命名为弗莱查斯岬(弓箭岬),把萨马纳湾也称作弗莱查斯湾(弓箭湾)。

差一点回不了家

按哥伦布最初的计划，他的船队要1493年4月才回国，可现在出于多方面的原因，他必须提前在气候恶劣的冬天启程，那么，他们就不得不在归程中吃尽苦头了。

1月16日，风向转为西风，哥伦布踏上返航之路。船队在天亮前就通过了萨马纳湾和巴兰德拉角。哥伦布最初想去考察一下土著说的加勒比岛（大概就是波多黎各岛Puerto Rico），看看吃人的加勒比人究竟是个什么样子，还想去寻访传说中的马蒂尼诺岛，据说该岛只有女人没有男人。但因风力加强，船只漏水，他放弃了最后的考察计划，掉转船头直走东北偏东方向，直航西班牙。

起初诸事顺利，直到2月3日，船队始终按照东北偏东方向行驶，虽然每昼夜24小时的航行大多不到100海里。2月3日夜间天变了，天空布满了乌云，接着就是一阵暴雨，随之而来的西北风推着船前进。在以后的几天里，他们的航速一昼夜可达150海里，有一次甚至达到200海里。2月10日，哥伦布判断船队的位置应该已经进入了亚速尔群岛地区（*Azores Is*，北大西洋中一组火山岛，中心线位于西经28度，北纬38度）。

1492—1493年间的冬季，南欧地区异常寒冷，连热那亚港在圣诞节期间也结了冰，里斯本甚至有不少船只被困在港内几个月不能出海。“尼尼亚”号和“平塔”号在如此恶劣的气候中居然能平安无事地走了那么远，这是十分庆幸的，然而最后，船队仍迎面进入了北大西洋上一个风暴最凶猛的地区。

2月12日，船队在向东航行了154海里之后，遇到了这次航海中从未遭遇过的恶劣天气。天空中彤云密布，海上起大风，波涛与浓云相接，上下翻滚；雷鸣与闪电交加，前后夹攻。风力至少有7～8级，吹得“尼尼亚”号只剩下几条光桅杆，十分艰难地航行了35海里。如果船只的构造不是很坚固，肯定已被撕成碎片。

2月13日黎明，风势稍缓，两船拼命地向前行驶了一阵。午后，狂风又追上了他们。西面的大风浪和西南方向刮来的飓风汇集起来，形成了惊涛骇浪，愤怒地将船只抛上浪尖，又狠命地将它们甩进波谷。浪峰冲击着船上的防卫设备，除了在降得低低的横桁上的主帆以外，别的船帆都收下来了。船只放弃了航线，顶着狂风恶浪缓慢地行驶着。船员们紧紧抓住系牢在船上的绳索以免跌下海去，一个个面如土色、失魂落魄。船上已经没有压舱货，必须用海水灌满木桶来压舱，以防止船只的倾覆。当晚，暴风肆虐，变本加厉，暗夜中两船之间曾交换过几次灯光信号。

2月14日，两艘船失去控制，只得任凭风浪摆布。“平塔”号从“尼尼亚”号的视野中消失，“平塔”号错过了亚速尔群岛，两条船再也没有会合过，直到一个月以后在西班牙帕洛斯港再度相逢。

大自然的能量似乎没有穷尽，大海仍在咆哮着，船员们早已肝胆俱裂、筋疲力尽了。“尼尼亚”号上的全体船员跪下求上帝保佑，并纷纷许愿，只要活着回家，一定去朝圣。哥伦布把他的远航经过记录下来，然后装入木桶投入海里，以备万一罹难了，他的新发现也能为世人知晓。

15日，天空放晴，陆地隐约可见，哥伦布根据里程计算，认为这大概是亚速尔群岛中的一个岛。他的估计是对的，这正是葡萄牙人所有的亚速尔群岛的最南面的一个岛，即圣玛丽亚岛(*Santa Maria I.*)。海浪依然很大，风向多变，“尼尼亚”号直到2月17日的苍茫夜色中才到达圣玛丽亚岛。

哥伦布到达了亚速海群岛。刚从一路风暴袭击中摆脱出来，他便动手给国王们写信，进行自我宣传，对自己的发现进行总结。他对自己的发现的几点基本评价是：一，发现地有大量黄金宝藏；二，那些岛屿肥沃富饶；三，发现地离契丹国和大汗的都城不远；四，当地土著印第安人善良怯懦，易于把他们教化和征服。

圣玛丽亚岛是葡萄牙人在亚速尔群岛最早的殖民岛屿，仅有10英里长和5英里宽。1450年之前首批葡萄牙移民就来到这儿。2月18日，哥伦布在小岛北部离岸较远处下锚停船，然后乘小舟登岸，和当地居民交谈，获悉岛上有一座圣母小教堂，遂留下3名船员在岛上采购食物，他自己回到大船上。

傍晚，仍不见3名船员回来，但该岛总督却派代表送来面包、鸡鸭等慰问品，并搭来口信说，他把3名船员留在那儿是因为想听他们讲西航的故事。哥伦布决定明天到那座教堂去还船员们在风暴中集体许过的愿。

2月19日，哥伦布决定将船员分作两批，一半守船，一半上岸还愿。当第一批水手光着脚走进教堂时，该岛总督派人逮捕了他们。哥伦布见水手们迟迟不归心里已有数，等他见到一伙人手持武器乘小船前来示威时便明白怎么回事。于是，哥伦布向来人报告自己身份：大洋海的海军统帅、印度总督，并厉言恐吓对方说，如不放人，他将奏请西班牙女王派大军踏平此岛，消灭一半人口，其余都虏获回国当奴隶。双方对持了两天。2月21日，对方终于让步，被捕的水手返回船上，在装满了淡水、口粮和压舱石以后，他们于2月24日重新启程。

2月24日和25日两天，“尼尼亚”号在西风吹拂下朝正东疾驶；直到26日清晨，风向转为东南，才使船只偏向东北前进。

2月27日，逆风又起，巨浪翻滚，船只颠摇，他们再次偏离航道。哥伦布不无伤感地写道：“眼看就要回到自己的家门口了，偏偏还遇上这场大风暴，真叫人伤透了脑筋。”

3月3日是全航程中最糟糕的一天，海上突然刮来一股旋风，把船帆全部卷走。黄昏时，风力猛然增强，达到了12级，变成了一场可怕的大风暴，它掀起的巨浪从两面翻滚上船，使海员们觉得自己已经葬身海底。

3月4日，当班的船员惊喜地发现前方有一片陆地，哥伦布认出这就是贴近葡萄牙里斯本河的辛特拉山岩。他们的船只不得不进里斯本港避风浪——为什么偏偏是里斯本呢？他知道自己已经落入葡萄牙国王若奥二世的掌握之中，比在圣玛丽亚岛的处境更危险，他只能依靠自己的智慧才能化险为夷，于是，他硬着头皮写信给若奥二世请求保护。几天后，到过好望角（*Cape of Good Hope*，Cabo das Tormentas，非洲最南端的海角之一，位于南纬34度、东经18度，B•迪亚士于1488年发现，现属南非共和国）的B•迪亚士，奉命乘武装大帆船向哥伦布驶来，并邀请他上船。哥伦布拒绝了——身为卡斯蒂利亚国王的海军上将，不便上对方的船。对此，B•迪亚士未加勉强。

3月8日，若奥二世决定召见他，哥伦布便于次日前去拜见。若奥二世对他说，他所发现的地方理应归葡萄牙所有，因为根据1479年西班牙和葡萄牙两国签订的《阿尔卡巴斯和约》，加那利群岛以南和非洲以西的海洋都属于葡萄牙的势力范围，只能由葡萄牙人考察开拓。哥伦布以和解的态度回答说，他不曾看见那条约，但卡斯蒂利亚双王曾命令他，不要去非洲几内亚附近任何地方考察，他是遵照命令办事的。当时有些朝臣建议葡王将这位自命不凡的统帅处死，从而使卡斯蒂利亚双王经营的事业无果而终。葡王禁止这样做，以免触怒教皇。

3月11日，哥伦布专程去一家修道院，拜见住在那儿的葡萄牙王后。哥伦布以骑士的礼仪屈膝吻了王后的手。王后的少年侍从中，有后来的环球航海家麦哲伦（*Magellan*—El Cano，他于1519—1522年花3年时间环绕地球），当时他已13岁。

3月13日，哥伦布驾驶“尼尼亚”号驶离里斯本海岸，直到太阳西沉时船只才进入海洋，掉头向南，朝西班牙行驶。此时，“平塔”号正好在它的后面，在互相望不见的情况下沿着同一条航线行进。

马丁•阿隆索•平松驾驶的“平塔”号于2月14日和“尼尼亚”号失去联络后，在海上漂荡了10天，大约于2月25号到达西班牙西北部的加利西亚（*Galicia*）地区的巴约纳港停泊。它比“尼尼亚”号早一个星期靠上了欧洲大陆，而且躲过了3月初的那场飓风暴雨。马丁•阿隆索•平松派人送信给西班牙国王，企图抢功。他要求穿过西班牙整个大陆，前往巴塞罗那，向驻跸在那儿的王后伊莎贝拉和国王斐迪南当面报告他的成果：是他第一个发现新大陆，第一个发现海地岛，并且第一个带着大发现的消息凯旋回国。10天后，马丁•阿隆索•平松接到双王的批复。双王提醒他说，他们要直接听取他们所任命的远征队总指挥哥伦布本人的报告，他只能作为哥伦布的部下一道前来；并且责令“平塔”号，按照海上法律的规定，任何奉命出海的船只必须返回它的始发港。马丁•阿隆索无奈，只好于3月11日驾驶“平塔”号离开加利西亚地区的巴约纳港，驶向返回帕洛斯的路程。

3月15日中午，哥伦布率“尼尼亚”号乘着涨潮驶入帕洛斯港。环绕半个地球的航行至此圆满结束，经历的时间恰好是32个星期。

市民们奔走相告，教堂里钟声齐鸣，全市喜气洋洋，大家立即涌向码头，去欢迎这位探险的英雄。

哥伦布热泪盈眶地向市民答礼，真是感慨万千！

半年以前，他率船出航时，市民们一致认定他把这三艘船带进魔海，肯定有去无回，他们站在码头上泪眼相送。

曾几何时,他却受到他们如此热烈的欢迎。

大约午后两三点钟,“平塔”号也奇迹般地驶入了帕洛斯港。不过,欢迎的人群早已散去,剩下的只是“平塔”号船员的家属。马丁•阿隆索•平松觉得自己又被哥伦布抢了先(他以为“尼尼亚”号已经沉没),脸上无光,回来后就病倒了,不久即去世,据研究判断可能死于梅毒。梅毒的病毒源于新大陆,印第安人似乎具有部分免疫力,却给旧大陆带来灾难,但另一方面,源于欧洲的天花也夺走上千印第安人的性命。

探险成功的消息传遍欧洲

哥伦布亲自发动了庆祝凯旋归来的游行。在塞维利亚,他带着10名印第安人,并让印第安人头插羽毛,脸戴镶金面具,拎了鹦鹉和岛上特产,在街上彰显自己的成绩。接着他由陆路前往巴塞罗纳,重演街头秀,不过这一回规模没那么大,他身边仅有6名印第安人。他同时写信给国王,报告远航成果。国王和王后在回信中称他为“我们的海军上将”。见到哥伦布成果辉煌,他的对手默不作声,但难掩嫉妒之情,讨厌哥伦布的人甚至对他的成功大表怀疑。可是,哥伦布早在海上风暴平息之后就写了篇短文,叙述他探险的经过。他把短文寄给第三章提到的阿拉冈王室司库大臣路易斯•德•桑坦赫尔(*Luis de Santangel*),桑坦赫尔把文章公之于众，译成拉丁文后很快传遍全欧洲。

国王和王后隆重地迎接哥伦布凯旋归来。1493 年 5 月 28 日，哥伦布获得了国王和王后发布的确认文件，确认他因为发现了“印度”的诸多岛屿，赐予他的后代在所发现的岛屿上行使“副王和总督”的权利；同时还发布了特任状，授予他“海洋统帅兼船队总指挥”的称号。这些头衔为他接下来的几次西航提供了方便。

西班牙国王和王后知道葡萄牙人想把成果据为己有，因此，有必要让世人知道，这片新发现的土地属于西班牙。他们求助于新教皇亚历山大六世（*Alexandre* Ⅵ，西班牙籍教皇，1492—1503 年在位），冀图确定海上势力范围。不久，教皇颁布命令，订定葡萄牙和西班牙瓜分世界的具体内容：在离亚速尔群岛和佛得角（*Cape Verde*）100 海里处，划一条经线，该线以东归葡萄牙，以西地区归西班牙。这条界线大致在西经 38° 附近。葡萄牙国王若奥二世不同意这样划分，他认为他早就拥有亚速尔群岛和佛得角。在大西洋上的岛屿是他的船只在海上航行时发现的，所以也是他的。他依据西班牙和葡萄牙两国于 1494 年 6 月 7 日缔结的托尔德西里亚斯条约（*Tordesillas*），把界线向西推了 370 海里，以至于 7 年后巴西也在他的版图之内。

早在 1493 年 3 月 30 日，国王和王后就命令哥伦布着手准备第二次西航。双王根据哥伦布的建议选定塞维利亚作为筹航基地。该地是王国的海军基地和造船业以及海外贸易中心。哥伦布先去塞维利亚拜见副主教唐•胡安•德•丰塞卡（*don Juan de Fonseca*）。这位副主教是门多萨的侄子，双王已经下令他负责指挥第二次远航的筹备工作。他见到哥伦布后当下表示，愿意支持发现“西印度”的伟大使命。丰塞卡干得非常出色，在5个月的时间里，他设法调集了一支由17艘船舶组成的船队，并配备了往返6个月所需的海上补给品、备用船具、船用的蜡烛以及武器。他还设法贮存了1200至1500人所需的食品，征募了一批优秀的船员，甚至还收集了为建立一个农矿业殖民地并把西班牙文化移植到“印度”所需的各类种子、作物、家畜、工具和器械。

5月29日，双王给哥伦布签发了出航命令，命令宣布此次西航的首要目的是改变土著的信仰，为此，派遣首席教士布伊尔和其他一些教士随船同往。布伊尔(*Buil*)是应双王的邀请，由罗马教皇派驻“印度”的教廷使节。双王的命令还说第二次西航的另一目的是创办王室商务殖民区，所有贸易都要受政府的指导，贸易所得归王室所有(哥伦布可分享1/8)。

第二次西航的17艘船只中，有3艘大船，分别是哥伦布的旗舰“圣玛丽亚”号、“科利纳”号和“拉加列加”号。旗舰的名字虽与首航中的旗舰名称相同，但吨位比上次那艘要大得多。参加首航的轻快帆船“尼尼亚”号改名为“圣克拉腊”号，第二次随同出航。船队总的定员包括海员、移民、教士等，达到了1200～1500人。但在这一大群人员中，哥伦布唯一可以信任的只有他的弟弟迭戈(哥伦布特地把他从热那亚召来)，另一个弟弟巴托罗梅此时还在法国，未能赶上这次西航。

第四章 探察新大陆和殖民地的骚乱

西班牙船队准备再远航，足足花了5个月

哥伦布无暇享受掌声和赞美，有更重要的事待他完成——他要在新发现的岛屿上建立殖民地，他更要赶紧再上路找寻梦中的新大陆。哥伦布的豪气引得众人情绪沸腾，但也激起反对——向来仇视哥伦布的人，见一个地位低下的人跃身成为海军上将，心中颇不是滋味，又羡又妒。此外，西班牙的社会残渣纷纷渡洋，想到新大陆一圆淘金梦，却徒然滋生事端。

准备远航时，哥伦布顶撞了两位大人物：一是副主教唐·胡安·德·丰塞卡；另一是国王的私人秘书，也是这次远航的督察，财务出纳胡安·德·索里亚（*Juan de Soria*）。幸好事情没有闹大。他们最初的矛盾是丰塞卡对哥伦布随带一批侍从表示不满；索里亚也附和丰塞卡，对哥伦布的

指示不大尊重。但哥伦布与他们在许多重要事情上的要求不同,是引起不和的更深刻的原因。首先是哥伦布以总指挥的身份感到筹备工作太迟缓,办事拖拉,因为他打算像首航那样,趁着好天气在 8 月初起航;担心葡萄牙船队会闯入发现地;其次是哥伦布对粮食和补给品的质量不好和数量不足等提出异议,后来证明,食物准备不足,正是丰塞卡犯下的一个严重的过错。然而,移民们将怨言全部发泄到哥伦布的身上,造成棘手的混乱局面。这正是丰塞卡有意给哥伦布的事业制造麻烦。

不但大人物和哥伦布有摩擦,奸商和采办人员也和他为难。酒商们提供的旧的不牢固的木桶,经受不住热带烈日的烤晒而开裂,使得大量宝贵的酒泄入船舱的污水之中;还有一个使哥伦布十分恼火的"卖马"事件:远航队配备了 20 名长矛骑手,这些西班牙骑士骑着安达卢西亚的纯种良马在塞维利亚的阅兵场上转了一圈后,就私下到吉卜赛人居住的郊区将良马换成劣马,在加的斯装上了船,从中贪污了换马的钱。

1493 年 9 月 25 日,由 17 艘船组成的船队,载了 1200 人和许多食物、马匹、家畜,由加的斯(*Cadiz*)启程。加的斯是塞维尼亚的副教区,主教所在地位于里昂岛(*Leon*,西经 6 度,北纬 36 度),被一条狭窄的海峡与大陆分开,整个城市围有高大坚厚的城墙眺望着大海。这座城市由摩尔人于 1262 年重建。

早在哥伦布带着水手们第一次西航返回经过葡萄牙首都时,葡萄牙国王若奥二世就将原先为哥伦布效力的两名葡萄牙水手扣留在里斯本，现在他们奉葡王之命指挥葡萄牙船队也筹备前往新大陆。若奥二世积极推动这项活动，企图抢在哥伦布第二次远航之前到达。然而最后葡萄牙船队并未动身，原来葡西两国和教皇三方谈判之后葡萄牙决定取消原计划。

再偏南航行一点就有可能发现美洲大陆

哥伦布的船队充满信心、情绪高昂，横渡大西洋，既无疑虑也无恐惧，8天内航行600多海里，10月2日即抵达加那利群岛的大加那利岛，10月5日抵达戈梅拉岛，接受女岛主的款待，并将一批加那利猎犬（*Canarias' hunting dogs*）装上船。10月13日，船队最后离开了耶罗岛（*Hierro*，加那利群岛最西的小岛，位于西经18度、北纬27度）海面，驶向大洋。

这次航行海上风平浪静，比第一次远行来得顺利；航程上有信风，与首航从加那利群岛沿着28度纬线向正西航行不同。哥伦布采取“西偏南”的航向，显然是他并不打算直驶伊斯帕尼奥拉岛（海地岛），而是为了顺便发现新的陆地。这个新的目标，建立在第一次航行踏上归途前后的所见所闻的可靠基础之上。他在伊斯帕尼奥拉岛时，就多次听到位于它的东南面有加勒比人居住的岛屿的误传，在踏上归途的第一天，他还曾打算去寻找这些岛屿，但由于风向不利他才放弃了寻找的计划。随后,他又看到一群群军舰鸟朝着东南方向飞去。哥伦布由此更坚信伊斯帕尼奥拉岛东南方向是有岛屿的,这些岛屿既然在东南方,距离西班牙必然更近,而且从那儿去伊斯帕尼奥拉岛的航线是直接航线。这个“西偏南”航向的选择,使船队不仅进入更有利的顺风带和西向海流,而且也使船队摆脱了马尾海藻的干扰,从而比首航既缩短了航程又缩短了时间。这样,哥伦布在第二次远航中,又发现了横越大西洋的最短和最佳航线,在 400 年中为后人所沿用。

二航的事实证明,从加那利群岛最西的耶罗岛到多米尼加岛(二航最先抵达的目的地),比首航时从耶罗岛到圣萨尔瓦多岛用的时间少,在大洋中只花了 20 天,比首航少用了 10 多天。

11 月 3 日,船队到达目的地——西印度的小安的列斯群岛(*Lesser Antilles*),但他们并无妙不可言的感觉。哥伦布照例给小安的列斯群岛取名,第一个岛叫多米尼加(*Dominique*,位于西经 61 度、北纬 15 度,岛长 47 千米、宽 26 千米,1763 年沦为英国殖民地,1978 年独立,称多米尼加联邦,请注意:这个岛和海地岛上的多米尼加共和国有别),意为“星期日”岛;第二个岛与他的旗舰同名,命名为“玛丽加朗特”岛(后属于法国);第三个岛叫“瓜德罗普”(*Guadeloupe* 位于西经 62 度、北纬 16 度,总面积 1780 平方千米,现为法国海外省)。这些岛上确实有加勒比人,他们不允许外人接近,用带尖刺的鱼骨做成弓箭,射死射伤好几个西班牙人。泰诺族的女人利用这机会,从加勒比人那里逃出来。她们告诉这些西班牙人种种恐怖的事情:加勒比人把战争中俘虏的女人当作生孩子的工具,生下的孩子先阉割,养大后专供他们食用……上文说过,加勒比人绝不是专以食人为生的种族。例如,在瓜德罗普岛,水手们发现一小队人失踪,于是咬定是被加勒比人杀害了。哥伦布的船队为了寻找这一小队人停留了6天,最后还是将他们营救回船。

如果哥伦布在这次航行中再偏南一点,有可能发现南美大陆。但由于他惦记着首航时留在纳维达德(*La Navidad*,圣诞堡)的39个人的命运,迫使他从多米尼加岛改向西北航行。一路上,他发现了20个大岛和40个小岛。

11月19日,船队驶抵西边加勒比人占有的最后一块领地,即现在的波多黎各岛(*Puerto Rico*),哥伦布将其命名为圣·胡安·包蒂斯塔(*San Juan Baptista*)。这是哥伦布二航途中发现的最大岛屿,东西长约165千米,南北宽约55千米。(波多黎各岛位于伊斯帕尼奥岛以东,1898年西美战争后割让给美国,现为美国自治联邦岛。)

11月22日,船队到达伊斯帕尼奥拉岛东南角,印第安人把这岛叫作海地。哥伦布派一个随船出海的泰诺人,穿上欧式服装,带一些小物品上岸,结果此人一去不返。

不祥的发端

他们在岛上最先遇到的泰诺人从未见过欧洲人，但这些土著态度友善。可是，稍远一些，在岛的东海岸，哥伦布一行人看到海滩旁有两具尸体，不久又发现两具，其中一人蓄着大胡子，欧洲人模样，众人大感不安。

27 日，他们来到圣诞堡的近海地区，可是并未能靠岸。泰诺人乘着小船巡弋，表情相当冷淡。后来，水手与翻译人员乘救生艇上岸，发现上次建筑的木造堡垒已遭焚毁，但不见尸体。有个大酋长瓜卡纳加利的亲戚跑来，告诉他们这里出了事。

事情的本末是这样的。移居这里的欧洲人起内讧，他们每一人霸占三四名当地女人，这些女人往往是从她们的父母和男人身边劫来的，结果欧洲人之间为抢夺女人而争吵不休。印第安人当时处于新石器时期，严格的一夫一妻制尚未出现。男女间可随意选择交配，但是，这并不意味欧洲人就可以肆无忌惮，更不能用暴力霸占女人。

另外，移居至此的欧洲人入境不随俗，不但不与土著以物易物，反而四处寻找西瓦奥金矿。可能是移居的欧洲人伺机敲诈，马瓜纳部落(*Maguana*)的大酋长卡奥纳波(*Caonabo*)的手下看不过去，便杀了一批外出的欧洲人。后来卡奥纳波又带人来烧堡垒，杀了留在堡垒里的 5 个人。这 5 人是比阿特丽丝的表兄及其手下的人。这部分的事情听来可信，但后来的情形就不清楚了。

不过，这一切是否都是卡奥纳波指使的呢？在这事件中，瓜卡纳加利扮演什么角色？被欧洲人劫走的土著女人是他部落的人吗？瓜卡纳加利自称曾企图救助西班牙人，为此大腿上还中了一箭。可是当哥伦布去拜访他并要船上的医生为他治伤时，他态度迟疑、言语闪烁。后来他们发现，他所谓的箭伤，实际上只是被石头打了一下，并无外伤。但是，哥伦布还是信了他的说词，手下建议要以牙还牙，罗马教廷的使节布依尔修士主张将瓜卡纳加利立即逮捕处死，哥伦布也不答应。“纳维达德（*La Navidad*）”要塞的毁灭，是哥伦布恶运的开始，在处理瓜卡纳加利的问题上，由于他坚持己见，因而得罪了布依尔修士，从而在船队领导层中为自己树立了第一个敌人。

新大陆的第一座欧洲城市

从此，泰诺人对欧洲人避之唯恐不及。不知何故，瓜卡纳加利的村落被烧了。船队离开圣诞堡，打算寻找更理想的地方建立一座城市。由于气候恶劣、逆风航行，32 海里居然耗去了 25 天！ 1494 年 1 月 2 日，船队在向北伸入海中的半岛形崖角南边避风停泊。这里濒临海岸有一小块平原，树木葱茂。比较 3 个多星期来他们寻找的其他地方，这里还算较好的建城地点。此时船上带来的牲畜都快要死了，船上的人也大多病倒，他们都恳求哥伦布不要再走了。于是，哥伦布就匆忙地选择了这个地方作为一个永久的殖民地，并以女王之名给该处取名为伊莎贝拉城（*La Isabela*）。

伊莎贝拉城的缺点其实非常明显，因为这儿没有一个港口，较大的船只只能在离海岸半英里以外的地方抛锚。锚地虽然可避信风，但它的北面和西北面都敞开着，不能抵挡冬季从北方来的大风。在这里，饮用水只能从西南面大约1英里开外的河流上去取，但那条河不能通航。由于印第安向导说西瓦奥金矿就在附近，哥伦布才最后决定选择此处建城。然而，哥伦布不幸选中了一块“不宜健康的土地”。

随着城市兴建，移居者和哥伦布之间的关系日趋紧张，主因是两方的目的不同。哥伦布命令他们干活，而那些移民并不是为干活而来新大陆的，他们要的是黄金。工作劳累加上伙食粗劣，疾病迅速在移民之间传染开来。

哥伦布接着派遣一个很谨慎而又机敏的小伙子阿隆索•德•奥赫达（*Alonso de Hojeda*）率领15名武装士兵和印第安向导组成的考察队去西瓦奥地区探索。“西瓦奥”是印第安语，意思就是“石头”。奥赫达等回来时情绪高昂，兴奋地叙述探索结果。哥伦布用金块犒赏考察队员。王室派来的审计员皮萨立即向索里亚打了一份小报告，攻击哥伦布。皮萨实际上是丰塞卡和索里亚安插在船队的一个暗探。不久，哥伦布抓到他阴谋反叛的证据，立即将他逮捕投入地牢，嗣后报请国王们批准，将皮萨押回西班牙受审。

由于有数百移民病倒，哥伦布在1494年2月2日派遣殖民地伊莎贝拉城的市长兼城防司令安东尼奥•德•托雷斯(*Antonio de Torres*)率领12艘帆船回国。按照哥伦布指点的航线,他们于3月7日安抵加的斯(*Cadiz*),历时35天。船上至少送回300多名病号。装载的主要货物价值即达3万杜卡特金币(*gold coin of Ducat*),仅此一项就大大超过了第二次航行的筹备费用。船上还有26名印第安人。

哥伦布预料那些先返回西班牙的人,可能会对他提出指控,便把一份备忘录交给返航船只的指挥官托雷斯。在备忘录中,哥伦布针对可能落入口实的把柄加以答辩,以堵悠悠之口。他辩称,此次远航所能采集到的黄金数量不多,因此他先送回一批加勒比人——名义上让他们去欧洲受洗,实际上强迫为奴,以补黄金之不足。他在备忘录中重提诱人的诺言,并且要求国王发给他的手下多些饷银。国王和王后这次倒是爽快,一口就答应了他的要求。

1494年3月,哥伦布根据奥赫达提出的报告,率大队人马向内地出发,通过重重险阻,终于发现了一处优美的山谷,将其命名为"凡加里尔"(*Vaga Real*),意思是"王家平原"。他在凡加里尔山谷设立了小堡垒,命名为"圣多马"(*Saint Thomas*),以安抚那些逐渐不相信黄金梦的人。在《圣经》故事里,有个叫多马的人,怀疑耶稣复活的事,哥伦布借此暗示众人莫再多生疑虑。

哥伦布在此地停留了5天。他已确知,这个茅草盖顶的"西瓦奥"并不是马可·波罗所说的黄金盖顶的"希盘古"(日本国),但藏金的确丰富,这次探查从土著手中公开收集到的黄金价值就达2.5万卡斯蒂利亚金币(*gold coin of Castile*),足以抵消二次西航的筹备费用,至于队员非法私藏的黄金,则无法统计。但哥伦布严禁私藏金块,一旦发现,轻则鞭打,重则割去耳鼻,这种无限效忠王室的做法为哥伦布自己树立了一批敌人。

3月21日,哥伦布向北折返伊莎贝拉城,把开发圣多马的任务交给副官、阿拉冈的骑士佩德罗•马加里特(*Pedro Margarite*)。但这位副手把哥伦布的交代当耳边风,横行暴虐,使这个山谷变成了一片杀人场,后来他甚至转而与哥伦布作对。

回到伊莎贝拉城后,许多移民向哥伦布抱怨诉苦,说他们缺乏新鲜食物、劳作过于繁重。事实上许多病人已经死亡,存粮几乎告罄,不得不向土著人讨薯蓣食品充饥,病号们5个人分吃一个鸡蛋。一些贵族骑士们原想前来发财,却被强制从事繁重的体力劳动,抗拒不服从者要受到严厉的惩罚,引起他们的不满和愤怒。

正当哥伦布感到局面棘手时,4月1日,马加里特从圣多马堡派来急使报告:住在"金山"的强悍的大酋长卡奥纳波正准备进攻堡寨。哥伦布立即派前70名武装人员前去增援。随后,为了减轻伊莎贝拉城的各种压力,确保对西瓦奥的控制,哥伦布又命令奥赫达为马加里特带去400人援兵前往圣多马堡驻防。哥伦布将所有无病和能走动的人们,特别是那些行为不轨的闹事者全部编入远征队,让他们当地就食。4月9日,奥赫达率队启程。这支大部队到达圣多马寨驻防以后,迅速耗尽了这个肥沃的谷地印第安人供应的粮食。一个西班牙人一天吃的比土著人一家人一个月吃的还要多,于是,马加里特的人马在谷地到处游荡，采取威吓、鞭打等手段强征食品，殃及印第安的头人。单此一项，就使得土著人叫苦连天，更不用说勒索黄金、强奸妇女、绑架人口充当奴隶了，“王家平原”从此陷入苦难之中。

哥伦布认为局势已大致恢复正常。于是他决定继续去“探测印度大陆”。他认为有必要沿着古巴寻找印度和中国。托雷斯回国后，在伊莎贝拉城还留有5条船。哥伦布将安装了大炮的两条大船留在伊莎贝拉城，在4月24日率领3艘快帆船（其中一艘为“尼尼亚”号），动身开辟新的领土。他离开伊莎贝拉城时，把权力移交给一个委员会，委员会里有他的弟弟迭戈，还有对他怀有敌意布依尔修士以及几名干练的船长。

再次去古巴探险

哥伦布此次的勘察目标是古巴岛的南岸（其北岸和北东海岸首航时已考察过）。海上风浪险恶，航行并不顺利。船队首先到达古巴最东端的迈西角，立十字架以示占领，然后经过尼格拉角，于4月底到达古巴南海岸的一个海港。此港距离尼格拉角50英里，港阔水深，这就是关塔那摩湾（*Guantanamo*，*Bahia de*，位于西经75度、北纬20度），现在美国在此建立了其最重要的海军基地。离开关塔那摩湾后，船队在40英里远的地方，发现在峭壁之间有一条宽仅 180 码的水道，通往古巴的圣地亚哥湾（*Sao Tiago, Bahia de*），圣地亚哥湾附近有无数村庄，后来这里形成了古巴的第二大城市圣地亚哥（*Sao Tiago*）。5 月 2 日，船队离开了圣地亚哥湾，沿古巴南海岸，绕经克鲁斯角之后，折向南发现了牙买加岛（*Jamaica I.*）。这个岛后来成为大英帝国的“宝石”。

5 月 14 日，哥伦布率领船队从克鲁斯角出发，沿古巴海岸向东北方向行驶，进入瓜卡纳亚博湾，发现海岸折向西延伸，乃拨转船头改为向西行驶。第二天，发现前面的海面上密密麻麻地布满了小岛。岛上一片青翠，一天之内竟发现 160 多个这样的岛。据土著说，这儿岛屿总数在 5000 个以上。哥伦布决定把这一大群美丽的岛屿命名为“女工花园”（*Queen's Garden*）。船队在礁岛间的水道中穿行，行驶得十分艰难，幸亏哥伦布有高超的航海技能，多次触及水底或陷入泥沙中的船只终能挣脱出来化险为夷。

在考察了古巴南海岸几处海湾和一些小岛之后，哥伦布率队继续西航，到达了古巴南部的奥尔诺费地区；又继续西航，来到了古巴的猪湾。这个海湾呈拇指状伸入陆地 15 英里左右。再往前，船队无意间闯入了一个错综复杂的群岛海域，那就是萨帕塔半岛南部的哈尔迪内斯珊瑚礁浅滩。在这里，海水极浅，即使今天有详细的海图和完整的灯塔也难以航行。哥伦布又展现了他的在浅水处航行的特殊本领，使船只安全通过。

7 个星期中，哥伦布的船队为西班牙的殖民事业发现了一些最有价值的地区。6 月 13 日，他们离古巴西端不过50海里。只要再坚持向这个方向走不多远，就可查明古巴是一个海岛。可是这时哥伦布却下令船只不再前进，同时作了个非常离奇的推测：他硬说古巴乃是亚洲大陆的一个半岛，而且要全部船员发誓，说他们也同意这种看法。

哥伦布此举着实让人费解，后人费尽心思，想要提出合理的解释，但真相仍然扑朔迷离。也许是哥伦布为了避免因过早返回伊莎贝拉城而遭到责难，才命令海员们都签署证明说古巴是一个大陆的半岛，寻找亚洲大陆的使命已经完成，没有必要再往前走了？

后来的事情倒是很清楚：哥伦布和他手下的人精疲力竭，不久纷纷病倒。另外，他们从已到达的海角远眺，看到海岸向西南方弯去，一直伸向远方。哥伦布一口咬定已经到了中国边境。古巴有块地方叫满果(*Mango*)，听到这地名，读过《马可·波罗游记》的人会联想起中国的一个地区：蛮子(*Mangi*)——哥伦布显然也是这样推测的，他认为发现的许多小岛是马来群岛(Malay Archipelago，也叫南洋群岛，是世界上最大的岛群，在亚洲东南，散布在太平洋与印度洋之间的广阔海域上，分属现在的印度尼西亚、菲律宾、马来西亚等国)的一部分，古巴是中国的蛮子省(所谓"蛮子省"，本是元代蒙古人对原来南宋地盘的称呼)。

哥伦布心中本来有一个更加雄心勃勃的计划：环绕地球一周。他认为折向西南方的海岸是马来半岛(Malay Pen. 在亚洲，东经102度，北纬6度)的开始，他可以绕过这个黄金半岛，扬帆印度洋，然后带着他的小船队绕过好望角回到西班牙。但从他现有的装备来看，他知道自己不能进行如此宏伟的计划。船只由于在浅滩中经常搁浅而漏水，使用的船具需要更新，大部分食物和其他用品被海水损坏，而海员们饥饿，不满，唯恐他们永远不能顶着信风回到伊斯帕尼奥拉岛去，船上人员的情绪也迫使船队不得不折返。

他们返航了。途中绕道伊斯帕尼奥拉岛南岸航行。这时，哥伦布染上一种“昏睡病”。三艘快船快速驶向伊莎贝拉城，到达时是9月29日。船刚一停泊，第一个登上船来见哥伦布的竟是他阔别五六年的弟弟巴托罗梅。巴托罗梅在法国就听到了哥哥发现新岛屿的消息。巴托罗梅在法国受到热忱的接待，但是法国人并不把他当成探险者。在哥哥第二次动身远航之后，他才得以返回西班牙，并获得了双王的好感。他见到了率领12艘帆船回国的安东尼奥·德·托雷斯，托雷斯告诉他说，伊莎贝拉城急需粮食和药品，不然难以支持下去。巴托罗梅立即请准双王，率领三条装满补给品的轻快帆船前去救援。这支船队在5月初从安达卢西亚出发，于1494年夏至那天抵达伊莎贝拉城。然后巴托罗梅就在这里等待哥伦布的归来。

哥伦布在古巴和牙买加探察的期间，留守伊莎贝拉的他的弟弟迭戈(被任命为移民委员会主席)没有能力控制局势，负责开发圣多马的副官佩德罗·马加里特不服从管束，对印第安人干尽了坏事。迭戈劝导他改过自新，他不但不听，反而纠集了一个反叛小集团，夺取了巴托罗梅从西班牙带来的三条轻快帆船启程返航。和他同船返航的还有与哥伦布兄弟对立的布依尔修士。他们于1494年11月抵达西班牙。后来，他们在国王面前诋毁哥伦布，成为哥伦布的宿敌。

1494 年 10 月初，哥伦布返回伊莎贝拉城后不几天，安东尼奥•德•托雷斯率领的 4 条补给船到达伊莎贝拉，并带来双王给哥伦布的信。当时西葡两国的“托尔德西里亚斯条约（*Tordesillas*）”已经签订，双王在信中建议哥伦布回去帮助他们在大西洋上划出一条西葡两国的新的分界线。哥伦布本来可以趁此机会走出这个荆棘丛生的殖民地困境，并及时返回西班牙戳穿布依尔修士等诋毁他的谎言，然而，他不忍心把这个烂摊子留给弟弟们。

殖民地情势每下愈况，西班牙人的诈骗行径屡屡激怒印第安人，而西班牙人劫持妇女、抢夺黄金则成为印第安人反抗的导火线。马加里特逃离后，圣多马堡的士兵们群龙无首，变成了三五成群的匪徒。印第安人杀死了单独外出的西班牙人，一名名叫瓜梯瓜纳（*Guatiguana*）的酋长让手下处死了四名烧毁他们茅屋的西班牙人。

这回事态严重，哥伦布本人也卷入了讨伐印第安人的绥靖行动。他封巴托罗梅为少将，命他全力镇压。（哥伦布僭越职权，擅自封官，西班牙国王知道了以后极为不满，但最终还是默许了）

印第安人的悲惨遭遇

绥靖行动中捕获的印第安土著都被作为奴隶。1495

年 2 月 24 日，托雷斯率领的船队起航返国，船上装了 500 名精选的印第安人奴隶。船上拥挤不堪，途中有 200 名印第安人死亡。抵达西班牙加的斯上岸后，余下的印第安人由于不耐寒冷和不服水土，也差不多全部死亡，因而这种奴隶买卖几乎无利可图。

殖民地发生的血腥残杀一发不可收拾。本来担负和平使命的巴托罗梅已然是不折不扣的征服者。1495 年 3 月，他从伊莎贝拉城派出两支小部队，一支拥有 200 名配备了弓箭和火枪的步兵、20 名骑兵，还有受过专门训练的猎犬。上百名印第安人被俘虏，当成奴隶运走。其余的印第安人，聚集在首领瓜梯瓜纳麾下，但他们在凡加里尔的战斗中惨败，卡奥纳波酋长被奥赫达俘获，不久便死去。

战斗持续到 1496 年初。印第安人躲进山里，袭杀殖民者。移居殖民地的欧洲人，则强迫印第安战俘替他们采集黄金。

由于饥饿贫困、欧洲人带来的传染病、绝望沮丧加上血腥镇压，印第安人大批大批地死亡。伊斯帕尼奥拉岛上土著的人数原先有 30 万人，短短两年竟锐减了 2/3，到 1508 年仅有 6 万人活着，4 年之后，这个数字又减少了 2/3，而在 1548 年残存下来的可能已只有 500 人。现在，泰诺人的血液只存在于与非洲黑人结合的混血人之中，这个温和的民族已被外来者消灭了。

与此同时，已经回国的几百名不满分子都控告哥伦布，致使国王和王后忧心忡忡，对岛上情势很不放心。王室拒绝接受那些被当作奴隶运来的印第安人，还派出官员前去调查。1495年10月，由西班牙女王家族成员阿加多（*Juan Aguado*）率领的4条轻快帆船抵达伊莎贝拉，他给哥伦布带来了一封双王简短的信件，信件告诉哥伦布，阿加多将受命调查哥伦布作为总督和地方长官的行为，并将向双王作出报告。阿加多手上还有一份很短的委任状，宣称他已经执掌了此地的总督职位。哥伦布感到十分遗憾，原本他想在伊莎贝拉建立一个永久性的殖民地，现在看来这番努力已经失败，伊莎贝拉的地理条件已证明是不适合建殖民点的。哥伦布自我安慰地想道，哪怕是在阿加多展示那份委任状之前自己也想离开这儿，尽早回到西班牙去。保护自身的利益，在当时或许是最重要的。

决定返回西班牙为自己申辩

哥伦布正打算启程回国，忽然海上起了风暴，停泊在伊莎贝拉城港口的6艘船里有4艘被抛到礁石上，当场撞得粉碎，他不得不就地另外打造两艘小船。

此时，哥伦布又犯了一个错误，他把全部权力移交给巴托罗梅，结果，西班牙人把旧恨新仇全算在哥伦布一家人头上——在西班牙人眼中，他们可是“外国人”（别忘了哥伦布出生在热那亚）。首先发难的是新任命的伊莎贝拉城市长和殖民地治安官弗朗西斯科•罗尔丹（*Francisco Roldan*），从此他们与哥伦布兄弟结下不解之仇。

1496年3月10日，船队启程返航。哥伦布搭乘“尼尼亚”号，奉命调查哥伦布的阿加多，则乘另一艘快帆船。与三年前哥伦布指挥的大船队相比，这是一支只有两条船的微不足道的小船队，但船上竟挤乘了225名西班牙人（有这么多人急着回去）和30个印第安俘虏，以致船上食物供应成了问题。

哥伦布在返航的路上继续寻找黄金。在瓜德罗普岛上，他们遇上一队手持武器的加勒比女人，她们要求西班牙人前去和她们的男人谈判。西班牙人依约前往，不料竟中了埋伏，加勒比人射出的箭密如雨下，西班牙人落荒而逃。

船队离开瓜德罗普岛向东航行，一路上依靠捕鱼来弥补粮食的不足。4月20日以后，船速很慢，超出了西班牙人的忍耐力，有些人甚至提出将印第安俘虏抛入海中，以节省粮食，哥伦布不同意这样做。

6月11日，他们到达加的斯，个个面黄肌瘦、疲惫至极。尽管他们仍带回鹦鹉和印第安人等战利品，却见不到首航归返时那种热烈欢迎场面了。然而，哥伦布并没有失去国王和王后的信任，只是国王斐迪南正忙于消除法王查理八世入侵意大利的遗留问题，特别是心悬罗塞利翁（*Roussillon*）地区与法国的战争，王后则忙于关照百余艘船只的建造进度。这些船将组成船队，作为王室娶儿媳和嫁女儿的护航队，护送二公主16岁的胡安娜去佛兰德尔（*Vlaanderen*，法文 *Flandre*）与“美男子”菲利普（*Philippe le Beau*）大公爵成亲；再把菲利普的妹妹、奥地利女公爵玛格丽特接回来，与王位继承人胡安王子结婚。这当口，哥伦布根据大西洋风向的变化情况，预先计算出护航船队返回的日期。结果预估完全正确，国王和王后大悦，更加信任哥伦布，同时立即允诺哥伦布可获得长子世袭制，继承者能享有他所有的头衔。

内忧外患继续探索新大陆

哥伦布等了2年，才打造好6艘快帆船，以便展开第三次长途航行。西班牙的国库已经亏空，哥伦布所欠的债务虽一笔勾销，但他无力支付船上的货款。他卖奴隶所得的款项也如杯水车薪无济于事。财务困难令他头痛，精神打击也为他增添麻烦。副主教唐•丰塞卡、奸商、仇人、持怀疑论调的人认为，哥伦布仅仅找到了几个传说中的岛屿而已，亚洲根本不在那些岛屿附近。他们的说法不无道理，但哥伦布信念更加坚定：那些岛屿附近一定有大陆，非找到新大陆不可。葡萄牙国王深信这个大陆存在于南方或东南方的大洋中，哥伦布本人也从印第安人的谈论中获悉那儿确有一个大陆。

早在1497年4月23日，胡安王子和玛格丽特公主的婚宴举行过不久，双王就组织第三次西航发布了第一道明确的诏令，诏令下令哥伦布应派遣或率领300名由王室负担费用的海员和50名自费前往的人员，前往伊斯帕尼奥拉岛。诏令还对哥伦布原先的权利、头衔和特权再次加以确认，任命他为“印度地区的代理总督”，赋予他拥有属于该地区其他总督所拥有的一切权利。

第三次西航的首要目的，是寻找大西洋的西面、斜躺在赤道之上的大陆，其次是要发现比安的列斯群岛更偏南的陆地。哥伦布认定那儿比伊斯帕尼奥拉岛更有利可图，因此，他打算沿葡萄牙首次找到黄金的非洲塞拉利昂的纬线航行，并沿着此纬圈前进直至伊斯帕尼奥拉岛所在的子午圈。他希望这一路能发现新的岛屿、新的大陆或亚洲的一部分，并在那些地方获取大量的财富。

哥伦布前两次航行在大西洋上所开辟的航线，只有西班牙船只尝试过，是哥伦布首创的去美洲的航线。随后其他国家和地区也效法西航。例如，1497 年 5 月，英国亨利七世（*Henry* Ⅶ）派遣热那亚人约翰•卡波特（*Jean Cabot*）向西航行，抵达拉布拉多半岛（Le Labrador，现属加拿大，中线位于西经 62 度、北纬 54 度）和纽芬兰岛（现属加拿大，中心点位于西经 56 度、北纬 52 度）；1497 年 7 月，葡王曼努埃尔（*Manuer*）已派遣达•伽马启航去东方的印度。此外，巴斯克（Vasconia，Basque，西班牙历史上的自治地区，位于比斯开湾，是西班牙收复失地运动的据点）、布列塔尼（Bretague，法国西北部半岛，濒临英吉利海峡和大西洋，原为公国，1491 年与法国结成君合国）、诺曼底（Normandie，法国北部的历史地区，原为诺曼人建立的公国，后为法国的一个省）等地区的渔民，长年出海捕猎鲸鱼，也多少听说过大西洋西部的一些地方，也纷纷要去探险。这种海外探险的竞争态势，迫使西班牙王室加大了对哥伦布的支持，并要求他尽快启航。

1498年5月30日，第三次远航从圣卢卡尔（*Sanlucar*）启程。圣卢卡尔位于瓜达尔基维尔河的河口，因附近的圣卢卡尔·德·巴拉梅达城堡而得名，这个城堡是当年梅梯纳一西多尼阿公爵为了对付海盗专门修建的。这次参加远航的共有6只船，其中3条轻快帆船专门运送人员和食物直接去伊斯帕尼奥拉岛。哥伦布任命他充分信任的3个人分别担任船长。另外三条船用作探险船只，由哥伦布亲自带领。

这一次，哥伦布改变了航线。他躲过法国的海盗船后，便驶向加那利群岛，然后和3艘直接开往伊斯帕尼奥拉岛的船分手，他自己率领3艘船继续向南，直达位于佛得角群岛（*Cape Verde, Islet.* 位于西经33度，北纬14度）最西的大里贝拉岛（*Ribeira*）。7月4日，哥伦布的船队离开佛得角群岛朝西南驶向大洋。在这条从来没有人走过的航道上航行，确实是件十分冒险的事，船员中又滋生不安情绪。茫茫大洋上，天气酷热难忍，连水都晒干裂了，食物腐败变质，好不容易才吹起东风。在这难熬的气氛中，他们航行了17天，而目的地何在，甚至没有人知道。哥伦布自己也撑不住了。7月30日，哥伦布估计船队已达到加勒比人居住的群岛南部。由于在赤道无风带耗费了大量淡水，哥伦布决定在搜寻那个传说中的大陆之前，先去多米尼加岛或者加勒比人的某一岛屿补充淡水，于是他命令将航向改为“向北偏东”。但如果哥伦布不改变航向，一直朝西南航行下去，就会到达南美大陆的马拉尼昂河口（*Maran-*

hao River Mouth，位于西经45度、南纬5度，即现在巴西的圣路易港，Sao Luis，位于西经44度、南纬2度）。这样的话，他要寻找的大陆就真的找到了，但历史不是按照后人的假设演变的。

7月31日，一名水手从桅杆顶上看到了三个山峰。前方可不是一个大岛吗？众人高呼“万福玛丽亚”！哥伦布把这个岛命名为特立尼达岛（*Trinidad*，I. 位于西经61度、北纬10度）。

特立尼达是位于委内瑞拉东北水域的大西洋岛屿，哥伦布发现它后，直到16世纪70年代才有殖民者定居，是荷兰、法国和英国海盗的巢穴。1802年西班牙将它割让给英国，1888年特立尼达和多巴哥联合组成特立尼达和多巴哥殖民地。

这次探险又成功了。1498年5月30日到7月31日的两个月中，哥伦布率领船队从佛得角向西开辟了一条新的偏南航线，顺利横穿大西洋，并发现了新的岛屿和陆地。这段航程即从圣卢卡尔到特立尼达已行驶约3600多海里，大约6700多千米。

已经到达大陆边缘却……

他们当时到达的地方是特立尼达岛的加莱奥塔角，到达的时间大约是晚上9点，月光是那样的明亮。哥伦布站在船上，注意观察特立尼达岛的东海岸，它伸展得很远，一眼望不到尽头。哥伦布又驶船在瓜亚瓜亚雷湾的湾口观看了一番，发现海湾的水很浅，于是决定整夜朝西面缓缓行驶。他发现特立尼达岛的南岸十分美丽，岸上长满了树木和棕榈。他选中现在叫作埃林角的海湾作为取水点，有几条小河流入这个海湾，船队就在这儿停泊。海员们提着小水桶在小河里取淡水，喝足了清甜的新鲜水，又用河水冲洗粘在身上的盐和汗。

船只在绕过埃林角时，哥伦布首次看到了美洲大陆，大概船上每个欧洲人都看到了。他所看到的是现在委内瑞拉的邦贝多尔角。它是奥里诺科河（西班牙文 *Orinoco*，出海口位于西经 62 度、北纬 8 度）三角洲的一部分。但哥伦布没有想到所看到的地方是大陆，那看上去像个岛屿，哥伦布也正是这样猜测的，于是他给它起名为圣岛（*Santa Island*）。从埃林角到该处的实际距离不到 10 英里。哥伦布第三次西航的目的是寻找大陆，可现在大陆近在眼前他却不知晓，让他的船和大陆擦边而过。

他们虽然发现了特立尼达这个大岛，但是他们和岛上的土著却没办法沟通。水手作出友好的表示，土著却丝毫不明白，不但不让他们靠近，反而以弓箭相报。

委内瑞拉和特立尼达岛之间是帕里亚海湾（西班牙文：*golfe de Paria*，中心点位于西经 62 度、北纬 10 度），东西长约 160 千米，南北宽 64 千米。它由特立尼达岛南北两个钳子般向西伸出的半岛，与委内瑞拉陆地合抱而成，只有南北两个各宽 16 千米的峡口与外界相通，北通加勒比海，南通大西洋。委内瑞拉的格兰德河和奥里诺科河的北支流流入该海湾。这些河水和海潮流在海湾入口处汇合形成危险的湾流。

哥伦布继续沿特立尼达岛南岸向西航行，通过南边的一个宽达 16 千米的进入帕里亚海湾的峡口。哥伦布称该海峡为锡厄佩海峡，意为“蛇口”海峡。他发现这是由礁石分隔的四条单独的水道。是一条十分危险的航道。

8 月 4 日，哥伦布和他的船员们在锡厄佩海峡上目睹了一种奇怪的涨潮现象：滚滚浪潮铺天盖地从西往东涌来，两股海流在湾里碰撞，激起海浪高逾帆船，浪头落下发出可怕的咆哮声；海浪把船从底部托起，向上抛去，随后落下，几乎沉到海底。

进入帕里亚海湾后，哥伦布发现海湾里的水是淡水，更远些的海洋里也是淡水，他颇感讶异。这现象的成因，是由于委内瑞拉的格兰德河（*Grande*）在此入海，奥里诺科河（*Orenoque*）三角洲的好几条河流也在此汇聚。不过，当时哥伦布不懂这些，他认为这三角洲是一个岛。他花了很多时间在海湾里寻找出口。8 月 4 日晚，他们的船进入塞莱斯特湾。8 月 5 日，船队从塞莱斯特湾出发，先往南再往西航行，在一个距出发地 5 海里的港湾内停泊，并派小船载人上岸。这个港口就是现在的阿库阿湾（位于委内瑞拉的帕里亚半岛 *Paria Pen.* 上），于是，这里就成了欧洲人在美洲大陆首次登陆的地点。8 月 13 日，船队终于从帕里亚海湾北口（哥伦布取名为龙口）驶出海湾，他们又看到一个惊人场面。只见帕里亚湾的淡水要从这儿流出，大海的咸水浪潮要从这儿涌进来，双方大股水流互相冲击形成了巨大的浪潮，发出震耳欲聋的响声。他们出此峡口时所遇的艰险不亚于进入南边的峡口时的困难。

哥伦布离开海湾后，急于前往伊斯帕尼奥拉岛。船上所带的食物已变质，他深感焦虑不安。他的船向北行驶，离南美大陆越来越远，哥伦布远远地望见了现在的格林纳达岛国（Grenada，位于西经 62 度、北纬 12 度），他还把前方新发现的岛屿命名为“玛格丽塔”岛（位于西经 64 度、北纬 11 度），但他没有在这个岛逗留，这又让他丧失了一个机会，因为玛格丽塔岛的海域盛产珍珠。

向北航行的途中，盘旋哥伦布脑中的仍是龙口海湾的奇异现象：既然海湾里的水是淡水，可见有大河在此入海，而大河必定源于高山从内陆流来——说不定就发源于“梨状”的世界之巅；这世界之巅连接人间与天堂，按理常人不得入内，但是，像他这样负有“天命”的人也许可以破例进去。他对自己的假设深信不疑。他另外还推断：“这河流要是从天堂流出来，就一定是出自一片无际的陆地，而且这片陆地位于南部，世上必然仍没有人知道这地方。”哥伦布在航海日志这样写道：“国王和王后陛下将会拥有这些土地，这是‘另一个世界’……”

哥伦布自以为终于发现了一块一向无人知晓的大陆。他认为，有了这样一块大陆，地球上的陆地分布状况便得以平衡：这个新陆块在亚洲以南，而非洲在欧洲以南，恰恰都是一南一北对称分布。

研究哥伦布的历史学家对于哥伦布本人所写的东西

不太愿意采信，这说来令人惊讶但又不难理解，因为哥伦布总是融合自己的探险结果和古代权威的地理观念，作出各种想象横生的推论。

但这一次西航的成绩是不容抹杀的：哥伦布的确发现了一个新的大陆，他为西班牙打开了进入一个新的疆域的大门。从此以后，北起加利福尼亚（*Califonia*，美国的一个州，中心点位于西经 119 度、北纬 37 度）和新墨西哥（*New Mexico*，美国的一个州，中心点位于西经 106 度、北纬 34 度），南边延伸到麦哲伦海峡（今属智利和阿根廷，位于西经 71 度、南纬 54 度）的整个疆域都说西班牙语（*Spanish*），被称为西班牙美洲（*Spanish America*）。

往后几年，哥伦布的探险未能再有突破，倒是有些出人意外的事发生。他给国王和王后的信，托副主教唐•丰塞卡转交，丰塞卡担心哥伦布威望过高，对哥伦布百般嫉妒、多方顾忌。他给了几个初出茅庐的水手一点“好处”，要他们去探察哥伦布所发现的大陆。他先派遣侄子奥赫达、画地图的胡安•德拉•科萨，以及亚美利哥•维斯普奇（*Amerigo Vespucci*）前去。这个亚美利哥•维斯普奇是佛罗伦萨人，又是塞维利亚著名的美第奇家族成员，虽然他连领航的资格都没有，可是，他把自己所见到的事公开发表影响深远，而哥伦布告诉国王、王后新大陆一事的信始终没有公布。结果亚美利哥的名字，就被后人用来称呼这块新大陆。另外，平松兄弟里的弟弟亚涅斯•平松（*Yanez Pinzon*），后来也登上了巴西海岸北部。

殖民战争爆发

哥伦布患了严重的眼疾，甚至不能离船上岸。他大概一心挂念伊斯帕尼奥拉岛的情势，于是趁着海上风平浪静，兼程赶到了那里。此时是1498年8月31日，岛上的殖民战争正如火如荼。他离开伊斯帕尼奥拉岛后，岛上发生了许多事。先是巴托罗梅发现，在伊莎贝拉山谷（*Valley of Isabelle*）建立城市并不是个好主意。他带领殖民者离开了山谷来到岛的东部南岸，在奥萨马河河口建立圣多明各城（*Saint—Domingue*，位于西经70度、北纬18度）。这个城址选得相当不错，它不仅拥有防守坚固的港湾，物产丰饶，交通也很便捷，从这里很容易进入海洋。圣多明各是欧洲人在新大陆使用最久的殖民地，至今它仍然是加勒比地区（*Caribbean Region*）最重要的城市之一，有制糖、酿酒、纺织、食品加工等工业，全国出口货物有2/3经此运出，主要输出品为可可、咖啡和烟草，1976年就有人口104万，建于1538年的圣多明各大学是拉丁美洲最早的大学之一。

巴托罗梅作为代理总督，与伊斯帕尼奥拉岛西南部哈腊瓜地区（*Xaragua Area*）的印第安首领贝赫奇奥（*Behechio*）往来频繁，且与其妹阿纳考娜交往密切。这个印第安女人是卡奥纳波的寡妇，生得貌美活泼，巴托罗梅和这个土著领袖交情不错，他决定宽待贝赫奇奥，但仍要他用麻、棉和木薯粉纳贡。

当时许多移民仍居住在伊莎贝拉，巴托罗梅返回伊莎贝拉视察时，伊莎贝拉城市长和殖民地治安官、西班牙绅士弗朗西斯科•罗尔丹（*Francisco Roldan*）煽动近半数的移民起来造反，究其原因是西班牙移民对食品长期供应不足表示不满，他们不喜欢受巴托罗梅这个“外国人”的严格管理。罗尔丹对所有的人信口许愿：他对难以控制的酋长保证不再征收贡品；准许西班牙移民过无拘无束的生活，允许他们自由地航行回国并无须交税。罗尔丹指望已回国的不满分子想方设法取消哥伦布的特权，在伊斯帕尼奥拉岛组建新政权，或许由他本人出任总督。

于是，伊斯帕尼奥拉岛的西班牙人之间发生内战，罗尔丹获得马瓜地区（*Maguana Area*）的印第安大酋长瓜里奥内斯支持，但这个印第安人后来被巴托罗梅俘获。战争终结，但罗尔丹一伙叛匪仍在哈腊瓜半岛（*Xaragua Pen.*）逍遥法外。正当这伙匪徒因缺乏食物而陷入饥饿和绝望时，在加那利群岛和哥伦布分手、直接开往伊斯帕尼奥拉岛的 3 艘补给船，在海流和信风的推动下错过了圣多明各，直抵哈腊瓜半岛顶端海岸，正巧投入叛匪的巢穴。罗尔丹采取卑劣的手法，蒙骗了 3 条船的船长和船员，劫走了船上的食品。船上原来载有一批获释的苦囚，这些人很快就加入罗尔丹的阵营，从而使罗尔丹的叛乱势力死灰复燃。

这就是哥伦布 1498 年 8 月末抵达圣多明各时，伊斯帕尼奥拉岛殖民地的严峻局势。哥伦布手下只有 70 名海员，自知势力不及罗尔丹，因此他不打算硬碰硬，而采取另一种策略。他告诉罗尔丹，不妨带着奴隶和妻妾返回西班牙。罗尔丹一方面在自己的“独立的美洲领地”里十分自在，并不急于回去；一方面倒也明白哥伦布的用意，便不断抬高自己身价。就这样，双方僵持了一年。这期间，时有罗尔丹手下逃跑，还传出哥伦布准备投降的消息。哥伦布是“耍花招”的能手，他在给国王和王后的信中甚至披露了自己向罗尔丹投降的期限。

哥伦布本拟回国，突然又出现了新的骚乱因素：1499年9月5日，阿隆索·德·奥赫达又来到伊斯帕尼奥拉岛兴风作浪，其后台是副主教丰塞卡。奥赫达原来是哥伦布手下的西瓦奥地区考察队的队长，早已揣着金子回国当职员去了。1498年夏天，他的居心叵测的伯父唐·丰塞卡偷看了哥伦布写给国王们的信，获悉加勒比海之南的确有一个大陆，而且哥伦布急于去伊斯帕尼奥拉岛，来不及探索这个新大陆，于是急忙将奥赫达找来，让他复制了哥伦布制作的海图，并送他一份盖有王室印戳的探险特许状，允许他装备一支船队，可以到1497年以前凡不属于葡王和哥伦布所有的地区去进行地理发现。1499年5月20日，奥赫达的船队从加的斯起航。他的部属有一名参加过哥伦布首航的舵手，一名参加过哥伦布二航的制地图员胡安·德拉·科萨，以及在塞维利亚一家商行任职的佛罗伦萨人亚美利哥·维斯普奇。这个亚美利哥后来在写这次航行的报导中弄虚作假，把时间提前到1497年，好像他比哥伦布1498年真正发现南美大陆还早了一年，同时也未提及他的指挥官奥赫达的姓名；以致后来一个德意志的一知半解的制图者，用亚美利哥的名字命名了新大陆，却把新大陆的真正发现者哥伦布冷落在一边。

奥赫达的船队先抵达委内瑞拉和特立尼达岛之间的帕里亚海湾，弄到一些珍珠，然后向西航行，发现了珍珠产地博内尔岛、阿鲁巴岛（Aruba I. 属安的列斯群岛，位于西经 69 度、北纬 12 度）和库拉索岛；又发现了一个巨大的海湾，他们看到印第安人的 40 多座棚屋都建在水中的木桩上，成为一个水上的村庄，奥赫达联想到水城威尼斯，因而命名为委内瑞拉湾（中心点为西经 71 度、北纬 11 度），意思是"小威尼斯"（*Lesser Venezia*）。随后，他们因没了给养，朝北驶向伊斯帕尼奥拉岛，在哈腊瓜地区的今称雅克美尔港处登陆。一上岸他就和罗尔丹联系上了，想和他一起造反进攻圣多明各。罗尔丹并不把奥赫达放在眼里，他接受哥伦布的建议，准备把奥赫达交给哥伦布处理。奥赫达并非不识时务之辈，当机立断，捉了几个泰诺人当奴隶，收拾起搜刮来的珍珠，扬帆启程返回，高价出售战利品。

奥赫达的出现显然是一个不祥之兆，哥伦布一向努力维护的垄断性的探险特权至此已被冲破了！就在 1499—1500 年期间，获得探险特许状的已有多起：原"圣玛丽亚"号和"尼尼亚"号的舵手佩拉隆索·尼尼奥获得特许，抢在奥赫达前面两三个月，航行到玛格丽塔岛采集大量珍珠后即返回西班牙；前"尼尼亚"号船长比森特·亚涅斯·平松在一次西航中，发现了亚马逊河河口（*Amazonas R.* 位于西经 49 度、南纬 0 度），随后绕过巴西的东端圣洛克角，沿海岸往回航行，通过帕里亚湾抵达圣多明各。1500年6月28日，哥伦布记述说："（奥赫达刚刚离去），比森特·亚涅斯·平松很快又来到了。他并没有使我遭受损失，但是引起了一阵骚动和惊惶。"按理说，这几次航行没得到哥伦布的许可是不应该航行的，但他们都成行了，这说明他在朝廷的影响正急剧衰落。

元帅成阶下囚

伊斯帕尼奥拉岛局势很不稳定。罗尔丹手下一个名叫墨西卡（*Adrian de Moxica*）的中尉，背叛罗尔丹起兵反叛，其部下既有原来的叛匪，又有当地的印第安人，声势颇大，迅速向圣多明各推进。哥伦布联合罗尔丹一起平定叛乱，逮捕墨西卡及其党羽。墨西卡原是罗尔丹叛乱的第二号头目，此次被捉，罪不可恕，墨西卡被人从墙顶上抛下来摔死。

1500年夏天，当哥伦布兄弟正忙着为西班牙国王们的殖民地恢复秩序而追剿残匪时，来自西班牙的灾难正漂洋过海很快就要降临到他们头上。

这种灾难是长久酝酿的结果，冰冻三尺，非一日之寒。国王和王后跟前，时有人进谗言，诬陷哥伦布种种罪状。本来国王和王后还支持哥伦布，日子一久信心也不免动摇。双王有理由相信哥伦布三兄弟在伊斯帕尼奥拉岛已将事情搞得一团糟。自第二次西航时宣称将为王室带来巨大收益以来，7 年时间很快过去，迄今为止所获利益却只有花费的一小部分。双王对哥伦布已越来越不满。与此同时，叛乱分子却有办法引起王室的注意，他们通过各种途径，说哥伦布如何用血腥的手段镇压当地土著人，损坏了西班牙王室的形象，甚至说身为热那亚人的哥伦布兄弟已成为西班牙民族的敌人，说哥伦布兄弟正准备发动叛乱，要把伊斯帕尼奥拉岛奉送给热那亚。

1499 年春季，双王应哥伦布需要一名能干的法官的要求，选派侍从官弗兰西斯科•德•波巴迪拉（*Francisco de Bobadilla*）为司法长官，到伊斯帕尼奥拉岛去调查及平乱。波巴迪拉是西班牙贵族、骑士团团长，是那位因格拉那达战争而著名的莫亚侯爵夫人的兄弟，又是戈梅拉岛的美女总督的堂叔父。此人生性冷酷，对热那亚人很有成见。双王赋予他很大的权力：有权逮捕叛乱者并没收他们的财物，有权从哥伦布手中接管所有堡垒要塞以及其他王室财产。哥伦布已奉令要听他的指挥。如果波巴迪拉当年立即动身去那儿的话，他会发现岛上的动乱已经完全平息，再作适当调整就能恢复应有秩序，但波巴迪拉的动身时间耽搁了。其原因不明，后人猜测说：派人去革除哥伦布的职位，撤掉他的统治权，这无论对谁都是一件大事情。由于这个工作千头万绪，双王很想缓一缓，看看再说。

1499 年冬季，双王获悉，葡萄牙的达•伽马在 1499 年 8 月已回到里斯本，他已经发现真正的印度，运回了大量香料。那里人口众多、文化发达，有规模宏大的城市、风格奇特的建筑、贸易兴旺的港口、富庶的农田、绝妙的花园。然而，哥伦布发现的却是“假印度”，只是一些荒岛，除了奴隶几乎没有什么收益。1498年秋冬之际，哥伦布派回的5艘船，装了至少500名奴隶，已经引起了伊莎贝拉女王的不满。1499年10月，哥伦布派回的两条船，装载的仍然是奴隶；特别是被遣返的叛乱分子们，每人都带着印第安孕妇，或者是怀抱婴儿的印第安妇女，还有他们私人分得的一些奴隶，这使国王们非常气愤。尽管这与罗尔丹的叛乱有关，但国人不分青红皂白，一古脑儿全算在哥伦布兄弟的账上。朝野上下，人情汹汹，人们纷纷传言："那个热那亚人发现了什么？是无用的骗人的土地，是卡斯蒂利亚贵族的坟地！是痛苦！是祸根！”一场冤案的阴影正扑向哥伦布家族。

1500年7月，波巴迪拉的船队出发了。波巴迪拉一抵达圣多明各，就目睹处死墨西卡的场面。那一天是1500年8月23日，这时，哥伦布和巴托罗梅不在城堡里，他们分别在康塞普西翁港（*Puerto de Concepcion*）和哈腊瓜追剿残余叛匪，只有他们的弟弟迭戈作为代理总督留守该城堡。波巴迪拉断然命令迭戈将所有囚犯都交给他，迭戈坚决拒绝，说只有等哥伦布回来才能决定。波巴迪拉没有让步，他宣读了他的委任状，并召集圣多明各的居民，以双王的名义要求他们服从他一个人的命令。随即，他接管了城堡，占领了海军寓所，没收了哥伦布的文件和所有财物用品，释放了西班牙囚犯。他通过宣布自由采集黄金和减免上交王室的金币铸造税，确立了自己的声望。他还很快逮捕了迭戈并给他上了镣铐。不久，哥伦布回到圣多明各，波巴迪拉派人把他抓起来，戴上脚镣手铐。巴托罗梅也应召回来，他手中虽然拥有一支军队，但奉哥哥之命不加抵抗，束手就擒。平白蒙此冤屈，海军上将哥伦布心中的恼恨可想而知。后来他给王子的奶娘以及朝廷官员写了几封信，措辞激烈，痛斥波巴迪拉等人的作为。

哥伦布在信中写道："我为了探寻印度的事业奋斗了17年，中间有8年议而不决，但我仍然坚持不懈。现在我已经把比西班牙在非洲和欧洲还多的土地置于国王们的统治之下，除开伊斯帕尼奥拉岛不算，所得到的土地超过1700个岛屿。7年来，我把这些土地征服了。正当我应得到报酬和休息的时候，却突然将我逮捕，要我戴着脚镣手

哥伦布被捕

铸回国，使我蒙受奇耻大辱。即使我把西印度群岛偷偷地送给摩尔人，也不至于在西班牙遭到这样大的仇视。当波巴迪拉来到圣多明各的时候，他住进了我的房子，占有了那里的一切。即便是海盗，也不会如此对待被他们洗劫一空的商船。最使我感到痛心疾首的是，他公然没收了我的文件材料，而那些能够清楚地证明我毫无罪过的证据，都被他别有用心地藏起来了。”

哥伦布沦为阶下囚

第五章 失宠，挫败，死亡

“西印度”非国王们的当务之急

1500年10月，哥伦布兄弟三人由伊斯帕尼奥拉岛回国，身系脚镣手铐，宛如行将入罪的囚犯。他们经过加的斯的大街和塞维利亚的市区时，大家看到海军上将狼狈若此，深感不平，四处议论纷纷：“看哪，这个给国王们戴上金项链的人，如今却被国王们戴上了铁锁链！”

11月底哥伦布回到西班牙时，国王和王后正为那不勒斯问题与法国谈判，无暇立刻召见他们兄弟3人。国王和王后百思不解，为何新岛屿上竟会常常有暴行发生；待见波巴迪拉对待哥伦布粗暴有无礼，更是大吃一惊，立即下令释放哥伦布兄弟三人。国王及王后送给三兄弟2000杜卡托（*ducat*，威尼斯古钱币）先表示安抚，拖到12月17日才召见他们。当时场面颇为感人，哥伦布跪倒在王后面前，泣不能声。国王和王后一副既往不咎的姿态。相形之下，巴托罗梅便显得高傲而粗鲁。国王和王后保证，会把没收的财产归还给他们，但并无意恢复哥伦布的殖民地总督身份。看来，哥伦布已逐渐失宠。国王和王后虽没有翻脸不认人，却不想恢复他原来的地位，也不愿意把探险的成果归他一人。

编撰预言书思索自己和世界的命运

碍于王室禁止他出海航行，哥伦布就利用这段时间编撰了一本《预言故事集》。若撇开现代人的偏见来读这本书，可从书中体会到哥伦布对自己命运所作的深刻反省和对世界的思考。这本书披露了哥伦布内心深处的想法。他在给国王和王后的信中（这信也是该书的前言）写道："我向您们报告过，远航印度探险时，帮助我的既不是理性，也不是数学和世界地图；我的探险得以成功的因素，是《圣经》里先知以赛亚（Isaie，公元前 8 世纪犹太预言家）的预言。"若只从字面来理解这段自白，很可能无法懂得哥伦布的意思。其实他

沙漏

是说，在承受考验的时刻，他从内心深深感受到，他所担负的是天命，在上帝的意旨中，新大陆一定会出现，而他是上帝拣选来执行这项任务的人。这信念是引导他前进的动力，而在《圣经》以赛亚的预言里，他终于明白这动力的最终目的。

对于哥伦布那个时代的人来说，《圣经》具有至高无上的权威。哥伦布详读《圣经》，也细研利尔（*Nicolas de Lyre*，犹太改宗者，死于 1340 年）为《圣经》所作的注释。哥伦布的思想充满了宗教精神。他从大卫的诗篇，从以赛亚的预言，从以色列人向以色列的上帝所作的承诺中，感受到基督教统一世界的理想。他看到关于世界末日的叙述，他估计末日大约在他身后 150 年左右会来临，其根据是：神圣的奥古斯蒂努斯（*Augustinus*，354—430，即圣奥古斯丁，基督教神学家，哲学家，拉丁教父的主要代表）教导我们说，世界在创立了 7000 年以后将灭亡，从亚当到基督降临经过了 5340 年有 318 天，因此，到世界末日还只剩一个半世纪，于是，留给世人的时间已经不多了，基督教徒应该抓紧这段时间来征服耶路撒冷和拯救耶稣的圣墓。

哥伦布在书中预言：从现在起到末日来临之前，世界会统一，届时他的伟大发现会记载在历史的最后一页上。他深信自己一定会名垂千古——《圣经》上提到一些地理位置并不明确的岛屿，那不就是天命要他去发现的吗？他用神秘的字母组成的金字塔表示：我是至高无上的救世主的仆人。

他既已被禁止去远航西印度群岛，于是就赋予自己新使命——收复耶路撒冷。他说：凡是想占领耶路撒冷的人都需要黄金。只有一个人可以从天国的边缘获得这些，这人就是他：克里斯托弗•哥伦布。他的朋友加斯帕尔•戈里西奥神父，听了他的想法后，惊讶归惊讶，但还是同意与他合作写好这本书。

此外，他还相信，他所经历的考验，十分类似上帝对自己选民的考验。有件事却也矛盾：他一再要求君主恢复他的身份和特权，假如他真的相信他所承受的考验来自上帝，又何必如此？

从这本书来看，哥伦布受基督教的影响很深，特别是他在书中一再提到奥古斯蒂努斯的预言：世界在创立了7000年以后将灭亡（历史已证实这样的预言十分荒谬）。前已说过，奥古斯蒂努斯又名圣奥古斯丁（*Saint Augustin*）或希波的圣奥古斯丁（*Angustine of Hippo*，*Saint*），其神学思想奥古斯丁主义（*Augustinism*）对中世纪基督教各派的神学和哲学都有一定影响。1640年，荷兰神学家詹森搜集他的遗著，编成一书《奥古斯丁书》（*Augustinus*）。他在其著作《忏悔录》《论上帝之城》和《三位一体论》中作了许多预言，都没有应验。哥伦布迷信此人的神学，只会陷入歧途。

哥伦布这本预言书对政局影响甚微：国王和王后全心关注意大利的形势，在他们看来新大陆并不是迫在眉睫的问题。

老骥伏枥，做最后的远航

国王和王后最终还是批准了哥伦布的第四次远行，但是规定他只能做两件事：探险和寻找新岛屿。为什么国王们又重新启用哥伦布，要这个老将出征呢？这是迫于国内外情势的压力。

自 1499 年以来，哥伦布的垄断权实际上已不存在了。当时，前往西印度的探险持续不断。塞维利亚的一个公证人巴斯蒂达斯在制图员胡安•德拉•科萨的引导下，正在委内瑞拉的北部向西航行，沿着今哥伦比亚的北部，到达了达连湾。西欧各国君王们也派出秘密远征队前往新大陆。一名像哥伦布一样的热那亚人约翰•卡博特，受英国派遣，在 1497—1498 年向西北连续航行两次，将英格兰的旗帜插上了北美洲。1500 年 4 月，葡萄牙人达•伽马前不久绕过非洲到达印度归来后，该国又想染指西印度，派出一位名叫卡布拉尔的探险家，此人窃取西班牙的航海情报，在大西洋上向西航行，意外发现了巴西，在南美洲的海岸上竖立了葡萄牙的旗帜；1500—1501 年，葡王又派遣航海家雷亚尔从亚速尔群岛出发，两度航行到北美的纽芬兰岛；而那个弄虚作假的亚美利哥•维斯普奇，虽然他曾与奥赫达一起为哥伦布服务，1501 年却背叛西班牙，为葡萄牙勘察了南美洲东海岸的中部和南部。1500 年制图学家胡安•德拉•科萨根据各国探险的情报绘制了新大陆最早的地图，上面画了 3 个国家的旗帜，在表示北美洲的海岸线上画了5面英国国旗,把巴西画成一个岛,上面画了葡萄牙的国旗,地图上也画了伊斯帕尼奥拉岛、古巴岛、加勒比人的岛、委内瑞拉、龙口海峡等地,其上面画了7面西班牙的国旗。这幅地图预先划定了三个殖民国家的今后的势力范围:英国占有北美洲,葡萄牙占有巴西,西班牙占有除巴西外的中南美洲。

以上情况显然对西班牙来说是一大刺激,老将哥伦布此番获准出航,与这种竞争局面不无关系。西班牙国王们对自己的领地守卫不严已感到懊悔。显然,只靠哥伦布家族的力量是不可能有效地防卫这片不知有多么辽阔的领地,只有动员卡斯蒂利亚王国全部的航海实力,才有可能驱逐那些外来的不速之客。

1500年9月3日,双王敕令任命奥万多(*Don Nicolas de Ovando* 1451—1511)为西印度诸岛的和陆地的新总督和法官,取代哥伦布和波巴迪拉。哥伦布还保留着"海军上将和总督"的空头衔。国王们还命令波巴迪拉和奥万多对哥伦布的财产作一次适当的清算,允许哥伦布选派一名代理人,随同奥万多去殖民地负责管理应该属于他自己分成占有的那份采金和贸易的财政受益。哥伦布选中他忠实的老朋友桑切斯·德·卡瓦哈尔为自己的代理人。由于卡瓦哈尔忠于职守,后来奇迹般地将哥伦布的财产运回西班牙,交到他儿子手中。

奥万多是一个审慎的长官,精明干练,忠于职守,严守纪律,但他不懂天文、不会航海。1502年2月13日,奥万多率领32艘大船和24艘轻快帆船,从圣卢卡尔出航。船队水手、移民和士兵多达2500多人。几天以后，一场暴风雨将船队打得四零五散，一艘载有120人的大船沉没大海；其他船只在许多天以后才在加那利群岛重新聚集，然后向西边大洋驶去。

而对哥伦布而言，也急于捍卫自己的利益，平松、奥赫达及其他人，在他发现的土地上从事探险活动得到“好处”，哥伦布认为自己的权利被侵犯。他尽管不高兴奥万多被任命为西印度的总督兼最高法官，还是手脚不停地处理各种事宜。他为人精细、眼光远大，将自己前三次西航全部的发现证书和权利协议，以及国王们的信件等收集起来，编成《权利书》，作为他的子孙后代继承特权的依据；又将这个文件抄写4份，其中一份留给他的长子笛阿哥，并托他照顾比阿特丽丝，另一份保存在加斯帕尔•戈里西奥神父的修道院里（现存美国国会图书馆）。同时，他在一家信誉甚高的热那亚圣乔治银行投保，把自己的《权利书》的第三份抄本委托该银行保管；第四份《权利书》交给热那亚的法律专家奥杰里科保存。1670年，奥杰里科的后代子孙将《哥伦布的权利书》送呈热那亚共和国政府，保存至今。

双王批准哥伦布进行第四次远航的诏令是1502年3月14日下达的。诏令说：哥伦布将获得1万金比索（*Peso*）作为装备船队及添置他所需要的枪炮弹药的费用，并强调哥伦布的特权将得到完全的保护，以使他和他的后代都能享受。诏令说此次航行的目的是去西印度寻找新的海岛和陆地，暗示其主要目的是寻找通印度的海峡，环绕地球一周回到西班牙来。当时达•伽马正第二次绕道非洲南端去印度，双王希望两人能在航路上相逢。诏令还命令说，如果找不到海峡，可以在返航时去伊斯帕尼奥拉岛休整，但在出航时决不要访问该岛，免得给奥万多增添麻烦。

这次远航，哥伦布带着弟弟巴托罗梅与小儿子费尔迪南德同行。由于哥伦布眼睛的毛病一直没好，他儿子就替他写航海日志，可惜这些材料后来都佚失了。出航时共有4艘快帆船，旗舰为“卡皮坦”号，哥伦布父子乘坐该船。另3艘船分别为“圣地亚哥”号、“加列加”号和“比斯凯诺”号。这支船队是哥伦布历次西航中装备最好的。海员人数约为140人，大多来自安达卢西亚；其中，至少有1/4没有再回西班牙，4名在伊斯帕尼奥拉岛开了小差，30多名途中淹死或病死，或者被印第安人和叛乱分子杀死。

1502年4月6日，哥伦布从圣卢卡尔（*Sanlucar*）动身前往加的斯；5月11日，船队从加的斯出发。当时有消息说，非洲的穆斯林摩尔人，正在围困葡萄牙人阿齐拉港（*Arzila*，在摩洛哥海岸、丹吉尔以南，距加的斯约100多千米），哥伦布亡妻的父母及亲戚也陷在围城中。哥伦布决定稍稍绕道去观察一番，并助葡萄牙人一臂之力。很可能他是奉了西班牙国王的指令才这样做的，因此时西葡两国已结为盟邦，葡王曼努埃尔成了西班牙双王的女婿，哥伦布船队在摩洛哥西北海岸的出现有威慑作用。摩尔人听说葡萄牙人来了援军，担心内外夹击，立即撤围逃遁。5月13日，当哥伦布抵达阿齐拉港并派出巴托罗梅率领武装船员登岸时，该城已化险为夷。哥伦布于港口司令把酒言欢，并与亡妻菲丽帕的亲戚会面后扬帆登程，改向西南朝加那利群岛驶去。

1502年5月20日，他到达大加那利岛（*Gran Ganary*），5月26日离开该群岛最西的耶罗岛驶向大洋，走的是1498年三航时开往伊斯帕尼奥拉岛的那个分遣队的路线。6月15日到达目的地小安的列斯群岛的马蒂尼诺岛（*Martinique*，西印度群岛中向风群岛的一岛，位于西经61度、北纬14度，面积1090平方千米，该岛于1635年成为法国殖民地，现为法国海外省）。航期只有21天，走的是一条快速、平静的信风航道，哥伦布这次创造了最快的远洋航速。马蒂尼诺岛在二航首先到达的目的地多米尼加岛的南面，也就是一航归途中他想去寻访的女人岛。据印第安人说，该岛只有女人没有男人。船队在马蒂尼诺岛上现在的法兰西堡（*Fort of France*）附近停留了3天，装淡水、沐浴和洗衣服，然后在6月18日启程去访问多米尼加岛（“星期日”岛），故地重游；6月29日抵达伊斯帕尼奥拉岛的首府圣多明各，但囿于王室禁令他不得上岸。

成了敌人心中的魔鬼

然而，哥伦布提出3项理由，要求在圣多明各停留：他要到伊斯帕尼奥拉岛发信件；他要换掉一艘状况不良的快帆船；另外，海上气候恶劣，他预料会有大风暴，所以船队要入港避风。

不料，粗暴的奥万多拒绝哥伦布进港，认为哥伦布的预报是要花招。然而，海上确实起了大风暴。哥伦布怎么能不相信上帝在操纵自己的命运？怎能使他不相信这是“神意裁判”？奥万多让船队中28艘船在风暴来临之前离港动身返回西班牙，结果，19艘沉没，其余的大多被风暴抛上岩岸撞得粉碎，仅三四艘幸免于难，死了恐怕有500人，包括波巴迪拉、罗尔丹和一些前叛乱者，还有马瓜地区的印第安大酋长瓜里奥内斯（西班牙人的俘虏），以及总指挥安东尼奥•德•托雷斯，价值20万卡斯蒂利亚金币的黄金也葬送海底。在唯一平安返回西班牙的那艘船上，哥伦布的心腹卡瓦哈尔（*Carvajal*）安全无恙。卡瓦哈尔完成哥伦布交代的事，收妥哥伦布在殖民地的财宝，带着40万比索回国，把钱交给哥伦布长子笛阿哥。圣多明各的木房全部倒塌，哥伦布成了敌人心目中的魔鬼，因为他正确地预报了这次大风暴。其实，他是凭借多年的航海经验，通过观察天象、气旋、海浪以及海豹等动物的活动来预测的。他掌握的是科学预测方法，但宿敌们认为他是魔鬼，控告他用魔法刮起风暴，将他的对手波巴迪拉（*Bobadilla*）、罗尔丹（*Roldan*）和一些前叛乱者置于死地。

海军上将本人又逃过一劫，这再次证明他是非凡的水手。他的船队由于被拒进港，因此也遭受了一些损失，但由于采取了一系列有效的保护措施，损失还是极为有限的。7月3日，飓风离去，船队顺风驶入伊斯帕尼奥拉岛另一处港口阿苏阿老港，在此休整，修复船只。7月14日，哥伦布的船队再次起航，计划深入考察加勒比海西半部，期待在那儿有重大发现。

船队沿着牙买加（*Jamaica*，在加勒比海西北部，海地岛以西，有牙买加海峡和海地岛隔离，中心点位于西经 77 度、北纬 18 度）南岸向西航行，遇上了无风天气，寸步难信，但强大的海流把船队带到古巴海岸附近的名为“女王花园”的岛屿群，哥伦布通过使帆转舵的方法，避开“女王花园”岛屿的锋利的暗礁，到达古巴西南部的沙洲地带。7 月 27 日，东北风骤起，船队顺风向西南大海疾驶；7 月 30 日，当风力减弱时，发现前面一座高耸在水面的岛屿，这就是中美洲大陆洪都拉斯海湾（*Golfo de Honduras*，中心点位于西经 87 度、北纬 16 度）最东边的“博纳卡岛”（今称瓜纳哈岛，位于西经 86 度，北纬 16 度）。

博纳卡岛是一个海拔 600 米、长约 13 千米的山岛，松林密布，苍翠美丽。哥伦布在岛上朝南眺望，看到一溜山脉，遂作出正确判断：“在南部有大陆。”西班牙人在那里还看到印第安人制作的大型独木舟，用完整的巨树制成，宽约 2.5 米，使用 25 名划桨手坐在两边划水，其快如飞。独木舟上的印第安人穿着各种颜色的棉织围裙和染织奇妙的无袖衬衫；他们携带的物品有铜斧、铜铃和青铜器皿，还有木制的碗碟、刀刃上镶有黑色曜石的木制长剑，说明这里的印第安人比哥伦布以前所遇到过的印第安部落具有更高层次的文明水准。西班牙人还发现舟中有一堆可可豆（*chocolater*），印第安人将它们看得十分珍贵。后来得知，从墨西哥直到哥斯达黎加的印第安人都将可可豆当作货币使用。这些印第安人就是玛雅人(*Maya*, *Yucatec*),说的是玛雅语(*Maya*)。如果当时哥伦布向北行驶,就可达到玛雅文明的中心地,但因印第安向导说黄金产地在南方,所以哥伦布的船队自然向南驶去。

寻找想象中的海峡

8月初,哥伦布命令船队从博纳卡岛向南部大陆驶去,行约40多千米,船队抵达洪都拉斯角,在其内侧背风处停泊。若干年后,西班牙殖民者就在此兴建了特鲁希略城(*Trujillo*,位于西经85度、北纬15度),成为洪都拉斯的大城。哥伦布将该地命名为"卡克希纳斯角"。在这里,哥伦布遇见一些印第安人,似乎是武士,穿着粗厚的棉布上衣,以抵挡弓箭的袭击。当哥伦布询问当地的名称时,土著人说是玛雅人的洪都拉斯王国(*the Kingdom of the Honduras*),但哥伦布和船员们仍相信到达的是中国(震旦)海岸。

接着,船队离开卡克希纳斯角,沿着洪都拉斯海岸,先向东,后向东南航行。这是一段持久的艰难航行,因为完全是逆风行驶,必须不断转帆调向,方能缓慢前进。8月14日,船队到达一个河口停泊。8月17日,哥伦布高擎卡斯蒂利亚王旗,率船员在河口登岸,举行了占领仪式。有100个几乎赤身裸体的印第安人在场,他们是皮肤深色的人，耳垂上的耳环洞很大，因此后人称该地为“耳朵”海岸。哥伦布将所在河流命名为“波塞西翁”河（*Rio de Posecion*），其意即为“占领”。在接下来的28天里，船队沿洪都拉斯海岸行驶，由于遇上了非常厉害的风暴，28天时间里船队只航行了170海里，每前进一海里都要与风浪搏斗，迂回曲折地行驶。他们不论白天黑夜全身都是湿漉漉的，被蜂拥而至的蚊虫咬得难以入睡。

9月12日，他们终于到达位于现在洪都拉斯和尼加拉瓜交界处一个海角，海岸线从此折向南方。哥伦布把登陆地命名为格拉西亚•阿迪奥斯角（*Gracia a Dios*，位于西经84度、北纬15度），意为“感谢上帝”。因为自从7月14日离开阿苏阿老港以来，60天中遇到的都是恶劣天气，船员们苦不堪言，全部精疲力竭、疾病缠身，以为难逃死神魔掌了，今天到了这个海角，哥伦布发现海岸线急转直下并向西倾斜，使船队终于摆脱那讨厌的逆风，并趁上了顺风和顺流，难怪他激动得大呼“感谢上帝的恩赐”了。一路上，哥伦布痛风病复发，多次痛得要死，倒是他的儿子年仅13岁的费尔迪南德仍然精神奕奕。

哥伦布在阿迪奥斯角遇到的印第安人，比泰诺人和加勒比人开化一些。这些人佩戴加工的珠宝，手持带铜尖的长矛，妇女戴冠冕。他们的小茅屋里有家具。印第安人说，有些地方的男人身穿盔甲，服饰讲究，……这些地方指的可是墨西哥？谁也不知道。

9月16日，船队开始沿着尼加拉瓜东部笔直延伸的海岸向南航行。由于有了可资利用的顺风，速度大增，当日船队就抵达今布卢菲尔港(位于西经84度,北纬12度)停泊,一日的行程可与过去一个月的逆风航程相等,但是海员们似乎尚未摆脱不幸的威胁;当时哥伦布派几个人乘小船上岸寻找木材和淡水,在他们回来的路上突然起了大风,汹涌的激浪把其中一只小船掀翻,船中两名水兵丧生。哥伦布把出事的地点称为“德萨斯特雷斯河”,意为“灾难之河”。

9月18日,船队离开“灾难之河”,继续沿着尼加拉瓜海岸向南行驶。不久,船队抵达现在的北圣胡安城(*North San Juan City*)的原址格雷镇。此后,船队即进入今哥斯达黎加的东部海岸。行驶到现在的利蒙港(*Puerto de Limon*,位于西经83度、北纬10度)附近,有一处花草芳香的小岛,而且背风,哥伦布将其命名为“花园岛”,船队在此停泊了十天。哥伦布曾率领武装船员登陆考察,但想象中通往印度洋的东方海峡总不见踪影,于是,他命令于10月5日升帆起锚,继续向东南航行,进入S型的巴拿马地峡(*Isthmus of Panama*)。我们今人知道,这段地峡从哥斯达黎加(*Costa Rica*)东南边界到哥伦比亚的西北边界,长达640千米,它是连接南美洲和北美洲两块大陆的陆桥。它的北部濒临加勒比海,南部就是浩瀚无垠的太平洋,但当时欧洲人的地理知识局限,不知有太平洋,所以哥伦布在这个地峡上反复寻找通往印度洋的东方海峡!

当天,船队大概走了50千米多一点,黄昏时他们发现一条航道通一个大海湾,哥伦布以为海峡终于找到了,结果又是一场空欢喜,原来他们进入的海湾是现在巴拿马西北部的阿尔米兰特湾(*Almirante*,意即"海军上将湾",按哥伦布的官衔而取名),而海峡即阿尔米兰特湾西北陆地和哥伦岛之间的龙口海峡。

哥伦布以为自己到了《马可•波罗游记》中所说的交趾支那,因为印第安人说这个大海湾所在的陆地的名称叫"基里克塔纳",哥伦布误听为"印度支那"(*Indo—China*)。哥伦布将在这里看到的一切和马可•波罗笔下的印度支那相比照,觉得此处必定是印度支那无疑。当西班牙人询问这个海湾通向什么地方时,印第安人表示前面有一个更大的海湾,而哥伦布等则误会成前面有一个大洋,即他们心目中的印度洋。于是,他们继续向东南行驶,以寻找通向印度洋的海峡。倘若当初哥伦布命令船队作180度的大转弯,改为向北行驶,他或许会到达他意象中的中国(事实上是北美洲),但他一心要走马可•波罗回欧洲时走的路线,以便到印度去。听印第安人谈到一条叫"刚克"(*Gangues*)的大河,哥伦布暗忖:这么说离恒河(Ganges,印度与孟加拉国内的河流,长2700千米,流域面积112万平方千米,源出喜马拉雅山脉,流经恒河平原,注入孟加拉湾,入海口为东经90度、北纬23度)已不远了(哥伦布把*Gangues*误为Ganges)。

10月6日,船队通过两个海湾之间的通道,船员们都相信这是通向印度洋的海峡,他们又一次失望了。船队从这条狭窄的通道出来后,就进入一个辽阔的海湾,长30英里,宽15英里,这个海湾绝对不是印度洋,我们现在称它为奇里基湖(*Lake of Chriqui*,西经82度,北纬8度)。船队在湖里待了10天，哥伦布首次从印地安译员口中获悉，他们已经达到两个海洋之间的一个地峡上。

10月17日，船队驶离奇里基湖东北部的“虎口海峡”，向东南进入今天的莫斯基托湾(*Mosquitos*)，途中经过一个小岛。随后船队朝东南驶向岸边，在一条名叫瓜伊加河(*Rio de Guaigha*，今天的奇里基河 *Rio de Chriqui*)的河口抛锚。土著把从这个地方开始的地区称为贝拉瓜地区。土著还告诉西班牙人说贝拉瓜是一个重要的黄金产地。他们在瓜伊加河河口地区停留了几天，哥伦布和他的船员发现，贝拉瓜的印第安人远比这次西航中所遇到的任何印第安人都要好战。

与太平洋失之交臂

根据东面有金矿的指点，西班牙人向东航行，他们来到一个名叫“卡蒂瓦”的地方，据说当地有金矿，他们在这里看到了建筑物的遗迹，也许就是印地安三大文明的母体——奥尔梅文化的遗迹之一。

10月27日晚，大海上刮起了猛烈的暴风雨，船队在大海的浪涛中颠荡。几天以后，船队被吹到一个港口附近，哥伦布给此港命名为贝洛港(*Puerto de Bello*，位于西经75度、北纬6度)，因为这港口很大，景色美丽。贝洛港在几十年后就成为西班牙在中美洲贸易的繁华中心，是跨越巴拿马地峡骡马运输队在北部海岸的终点站。

船队在贝洛港停留一个星期进行休整。以后船队一直在今天的巴拿马运河(*Panama Can.*)附近徘徊不前,往往今天向东航行几十千米,第二天又被东来的逆风吹回原处。11月10日,他们在曼萨尼洛岬角东北几个小岛处停泊。由于这儿海岸和岛上盛产玉米,他们就称它为“巴斯蒂门多斯”港,意即“粮食”港。他们在“粮食”港修理船只、木桶和风帆。一共停留了12天。11月23日,船队离开“粮食”港,又遇到逆风,挣扎了两三天方达到一个港口,哥伦布为其取名“雷特雷特”,意为“小房间”。他们在此停泊了9天,面临潜在的海上风暴、岸边的尖石、水中的鳄鱼、岸上凶悍的印第安人等各式各样的多种危险。他们和当地的印第安人交易不成,双方发生严重的冲突,西班牙人杀死、杀伤许多印第安人,最后大量印第安人集结在港口岸边示威,哥伦布下令用大炮将其驱散,但西班牙人也不敢再登岸。

12月5日,哥伦布察觉风暴将至,下令回航向西,回到贝拉瓜(*Veragua*),登岸勘察金矿。但起航不久,风暴即至,风向突然转为猛烈的西风,海流也随风而来,大风刮走了帆,雷电交加,暴雨骤降,使他们无法向西航行。随后的一个月里,船队一直在贝洛港和查格里斯河以西之间的暴风雨中往返漂荡,这使得他们与贝拉瓜金矿(*Gold mine of Veragua*)若即若离,可望而不可即。12月13日,一阵龙卷风卷起的水柱从船边经过。哥伦布使用传说中的驱魔术,左手高举《圣经》,右手持剑,对着龙卷风画了一个大十字，又指着船队画了一个圈，口中诵读福音书道："耶稣在海面上走，渐渐近了船，说：是我，不要怕。"水手们传说，哥伦布靠驱魔术化解了龙卷风的灾难，使船队免于灭顶之灾。

12 月 17 日，船队进入一个港口，哥伦布称其为"戈尔多"港，大约就在今巴拿马运河北部入口的利蒙湾（*Golfe de Limon*），休息 3 天，离港西航，但风暴又起，迫使船队又回到戈尔多港避风，一直待到 1503 年新年过后。期间小费尔迪南德登岸游走，举目远眺，戏称此地为"运河"，真有先见之明。400 年后，20 世纪初叶，美国人果然在此地挖掘了一条直通太平洋的运河——巴拿马运河，使哥伦布寻找海峡之梦想得以实现。

当年哥伦布踏上此地时，如果他能耐心地和印第安人交流，找他们作向导，乘坐小艇走上 5 千米，绕过托罗岬，溯查格雷河（Chagres，K. 位于西经 80 度、北纬 9 度）而上，再换乘本地人的独木舟前进，就可达到离太平洋浪潮仅仅 10 千米的地方，徒步走一点路，就可望见太平洋了。但此时哥伦布想的却是金矿，因而和太平洋失之交臂，发现太平洋的任务只好留给巴尔沃亚去完成了。

巴尔沃亚（1475—1517）是西班牙的探险家，1513 年 9 月率领一批西班牙移民，由土著带领，越过巴拿马地峡，从山顶上望见西南方有一片汪洋大海，他称之为中国的"南海"。事实上，他看见的是太平洋。直到麦哲伦环行世界一周，欧洲人才真正了解太平洋。

无奈放弃金矿

哥伦布错过发现太平洋以实现环球一周旅行的机遇，被黄金迷了心窍，想到贝拉瓜去碰大运，结果倒了大霉。

1503 年 1 月 3 日，哥伦布率领船队驶出戈尔多港，向贝拉瓜开去，向西航行近百千米。1 月 6 日，他们首先到达贝拉瓜河口（*Rio de Veragua*），因其河口太浅，不宜泊船，又向东航 5 千米，到达一个水深 2 米多的河口抛锚。这天是主显节（*Epiphany*，耶稣在世显示他的神性的节日），耶稣于 1503 年前诞生在伯利恒（希伯来文：*Beth'lehem*，犹太教、基督教圣地之一，在耶路撒冷南 9 千米，据宗教传说，此地是古以色列王国国王大卫的故乡，又是耶稣的诞生地），哥伦布即以耶稣诞生地命名此河口，称之为"伯利恒"港（*Puerto de Beth'lehem*），现在译为"贝伦"港；该河被命名为"贝伦"河，此河口位置在莫斯基托湾的东端。

第二天，暴风雨又来了，这场雨连续不停地下到 2 月 14 日。河水猛涨，水力来得凶猛，把他们的锚链和锚桩都冲走了。但哥伦布仍以贝伦河口为驻地，实施开发贝拉瓜金矿的计划。船队在此停留达 3 个多月之久。

这儿的印第安人村庄分布在贝伦河和贝拉瓜河上游，他们的态度极不友好，也不大想做买卖。1 月 12 日，巴托罗梅率领几条小艇上溯贝拉瓜河，到达一个酋长驻地，诚恳地访问了酋长基维安。当地印第安人称这位酋长为"大地之主"。第二天，酋长乘独木舟随巴托罗梅来到旗舰上拜访了哥伦布。

2月6日，巴托罗梅带着3条小舟和68名海员来到贝拉瓜河的上游，在基维安的村子里过了一个晚上，再由土著向导带路深入内地。他们在一天之内渡河44次，终于抵达一个树林茂密的地方。据说这儿的土地富含黄金，印第安人经常在此采金，海员们甚至不用任何工具，用一把普通的小刀也能采到一些有价值的金子。当这支人马回到驻地后，哥伦布非常高兴，当即决定在这里建造一个市镇，留下巴托罗梅来管理，自己则赶回西班牙寻求增援。

这个月中旬，巴托罗梅和50个同伴一起沿着海岸向西前进。这次，他们发现了蕴藏更为丰富的金矿区，并受到这里种植玉米的居民们盛情接待，又换到装饰用的金盘。他们回来以后，哥伦布着手建造移民区，于是，在贝伦河岸的高坡上出现了棕榈树叶作屋顶的茅舍。哥伦布已把这座未来的市镇定名为"圣玛丽亚•德贝伦"。当圣玛丽亚•德贝伦已建起10至12栋房屋哥伦布在打算回西班牙寻求增援的时候，当地土著的态度出人意料地发生了变化。他们已经意识到这群"天堂来客"是想在此定居下来，这是他们无法接受的。

不久，哥伦布和海员们开始受到成群结队的印第安人的威胁。有消息说，酋长基维安在加紧操练印第安人，准备首先惩罚那些向西班牙人讨好的印第安部落，然后将西班牙人赶下海。哥伦布与高级船员们会商对策。危难出忠臣——此次西航的志愿参加者迭戈•门德斯（*Diego*

Mendez）自告奋勇，孤身一人深入印第安人的居住区侦察，发现贝拉瓜河口有上千名印第安武士手持木矛和弓箭，列队操练。接着他又潜入印第安人的指挥部——酋长的大棚屋，发现屋前的广场上摆着300颗新割下的人头，这是基维安酋长新近惩罚那些与西班牙人做生意的印第安部落的证据。当他打算面见酋长时，酋长的儿子们准备杀他，但他情急智生，和他的印第安向导表演理发技巧，转移印第安人的注意力，同时将理发工具送给了酋长，这才化险为夷。他脱险回来后，向哥伦布报告说，印第安人正积极备战，准备一举消灭西班牙人。

哥伦布认为应先下手为强，决定设计捕获基维安酋长和其亲信家属。西班牙人的计谋成功了，基维安酋长和其亲信家属30余人被巴托罗梅、门德斯等人捕获，但在押解回船的路上，基维安竟磨断绳子逃走了。基维安逃回村庄后，立即组织全体印第安武士抗击西班牙人。西班牙人来不及从岸上的营寨撤退回船，就已被土著包围，水手死伤惨重，哥伦布虽然久经考验，也渐感绝望。旗舰“卡皮坦”号船长特里斯坦和其同伴11人奉命上岸补充淡水，乘小船溯河而上，结果都被从树丛中冲出的土著人杀死。哥伦布听到船长特里斯坦被杀，立时昏迷过去，醒来后大声呼救，很久以后，离岸较远的另两条船的海员才赶来守卫“卡皮坦”号。岸上的西班牙人凭借凶恶的狼狗和火器的威力，使印第安人渐感不敌。相持了3天后，基维安下令撤退，西班牙人才得以回船。关在船上的基维安的亲信家属少数跳水逃走，其余的全部自杀。

哥伦布十分沮丧。有一夜，他梦见上帝对他说话，要他回想上天为他安排的一切。他决定坚持下去，但他也彻底明白，船队没有能力再在这儿待下去，他决定放弃这个金矿据点。1503 年 4 月 16 日，船队离开了这个可怕的地方。

困处牙买加

此时对哥伦布来说，真可谓“屋漏又遭连夜雨”。凿船虫（船螺）这可怕的软体动物附在他们的船身，把木船蛀得千疮百孔。他们动身时不得不抛弃已蛀烂的“加列加”号，途中，“比斯凯诺”号也因被凿船虫的噬咬漏水而被迫丢弃，“卡皮坦”号和“圣地亚哥”号的情况也好不了多少。

船队打算回伊斯帕尼奥拉岛去，向东行驶，首先行驶经过今天巴拿马的圣布拉斯湾（*Golfe de San Blas*，位于西经 78 度、北纬 9 度），再一直东行，抵巴拿马莫斯基托角。海岸在这里开始明确地折向东南，进入达连湾。在急于到达伊斯帕尼奥拉岛的船员的强烈要求下，哥伦布放弃自己原定的航线，指挥船队离开美洲大陆，转向北方航行。事实上，这条航线是错误的。哥伦布应该继续朝东航行，越过达连湾，到达贝拉角后，再离开大陆，这样可以乘夏季常有的东信风直航去伊斯帕尼奥拉岛。而现在这条航线，不仅路途远，而且更易遇上风暴。对于漏船来说，这显然是致命的。

在海上只遇到两天好天气，其余时候尽是海浪滔天，船帆、锚丢得一干二净。船队经过开曼群岛时没有停泊，1503年5月13日再抵古巴南面的岛屿，方才下锚。由于船只已被蛀得千疮百孔，随时都会沉没，海员们不得不日日夜夜排水，累得快要崩溃了。暴风雨再次袭来，“圣地亚哥”号快要撑不住了，它的船尾和船舵早已撞破。

6天以后，天气转好，哥伦布率船队继续向东航行。两条船都已丧失了备用的锚泊装置，凿船虫又蛀得船体比蜂窝还要糟，“圣地亚哥”号只得用绳索把自己系在“卡皮坦”号的艉部，勉强前行。哥伦布明白，要让这些船逆风行驶硬撑到伊斯帕尼奥拉岛已完全不可能，因此他坚决主张船队先驶抵牙买加(*Jamaica*)，到了那里之后，如果两船仍能浮起，就等机会直航伊斯帕尼奥拉岛；如果不能浮起，可以在牙买加修理。这个建议是没有办法中的办法，船员们只能听从。幸好天气和风力都帮了忙，6月底，他们到达牙买加，船已灌满水无法继续远行。

哥伦布和手下在牙买加滞留了一年。伊斯帕尼奥拉岛近在咫尺，但怎么去呢？追随哥伦布始终不渝的迭戈·门德斯，此时更见忠心耿耿。他冒险乘两艘小船，带20来名西班牙人和印第安人前往伊斯帕尼奥拉岛。迭戈·门德斯身上带了哥伦布的信，吃尽苦头，终于到达伊斯帕尼奥拉岛。然而，奥万多诸事缠身，无法兼顾哥伦布。

在牙买加岛上，西班牙人和印第安人本来处得还算不错，可是，西班牙人还是把事情搞糟了。波拉兹兄弟滋生事端,意欲排挤哥伦布;哥伦布人在病中,又受到敌手恶意的欺凌,简直不知如何应付。此时,命运和天赋又拯救了他。他从随身携带的年历中得知不久将出现月蚀。哥伦布就对印第安人说,他要祈求天助,把印第安人消灭殆尽。不久,月蚀真的出现了,印第安人恐惧万状,吓得五体投地,就这样消弭了一场可能发生的乱子。

哥伦布靠自己力量,把反叛者全打垮,并且俘虏了波拉兹,但这些人不仅未受惩罚,反而获准返回西班牙,后来甚至相互勾结诬告哥伦布。

在伊斯帕尼奥拉岛上的奥万多,派出一艘快帆船到牙买加打听消息。不多久,帆船带回一封哥伦布给奥万多的信,字里行间尽是难言的苦楚。等待奥万多消息的日子漫长而难耐。1504 年 6 月 28 日,哥伦布和他的船员终于获准离岛。

在圣多明各,西班牙贵族向哥伦布大行报复。昔日威风凛凛的海军上将,现在饱受凌辱,奥万多则装腔作势迎接他。哥伦布兄弟重新扬帆,在 1504 年 11 月 7 日到达圣卢卡尔。这次远航总计历时 2 年 7 个月。

航向寂静和死亡

王后病重,于 1504 年 11 月 26 日去世,遗嘱中无只字片语提到哥伦布。哥伦布也病得厉害,眼疾作怪,他无法继续阅读写字。他的伟大发现再无人过问。再说，他究竟发现了什么？一片荒凉的土地罢了！关于黄金的诺言，也仍是个梦想。此外，他也没有找到前往亚洲的航道。哥伦布要求把财产和权力归还他，还在遗嘱中交代，这些都要传给儿子。但国王早就不理会哥伦布，对巴托罗梅更加疏远，笛阿哥倒是继承了若干头衔。王后死后一年半，1506 年 5 月 20 日，哥伦布也去世了，他死于西班牙北部的巴利亚多利德城（*Valladolid*），临终时只有两个儿子、弟弟巴托罗梅和好友迭戈•门登斯在他的身旁。他享年 55 岁，虽非死于贫困，却饱尝苦涩凄切。昔日他身边不乏赤胆忠心之士，然而，随他一起找到新世界的人却忘恩负义。他的信念使他永垂不朽，可是他的傲慢成为致命伤。

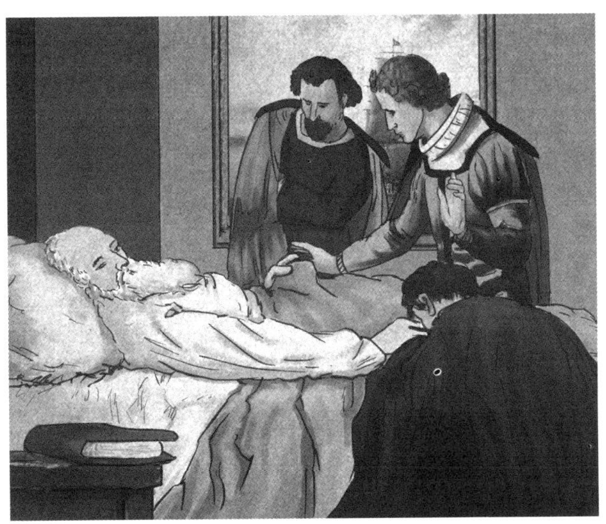

哥伦布去世场景

哥伦布生前就预料，在他死后灾难将会降临；但他怎么也料不到，当他的梦想变成现实时会是如此血腥冷酷。奥万多在1503年就准备灭绝伊斯帕尼奥拉岛上的印第安人。他先后绞死或活活烧死的印第安酋长至少有80个，其中包括一个美丽的女王安纳卡奥纳。安纳卡奥纳是哈腊瓜部落的女酋长，她曾热忱接待了300个西班牙人。奥万多借口表演西班牙武装检阅，邀请女酋长和本地区80名印第安头人前来参观，女酋长等应邀而至，就座后竟被逮捕捆绑，然后活活烧死。奥万多亲眼看了这80具烧焦的尸体，感到很满意。西班牙人随即就把群龙无首的印第安人的愤怒反抗浸没在血泊中。到1548年时，伊斯帕尼奥拉岛上的印第安人只有500个了。古巴原有30万印第安人，至1548年差不多已经绝迹；巴哈马群岛在白人来到12年后，差不多一个印第安人也没有留下。后来，西班牙殖民者占领了整个中南美洲，杀害的印第安人总共有1500万之多，只有极少数十分坚强的印第安人才存活下来。

哥伦布是一个意志力和行动力超强的冒险家。他确实有过人之处，不过这些不凡并不能抹去性格上的缺点，只是会使这些缺陷显得不那么严重，因为非凡的品质可以弥补一个人性格上的缺陷。有人说哥伦布缺乏气魄，有小家子气，时常如同普通人一样陷入不能自拔的地步，但他的确干了一件常人不敢想也不敢干的大事，这就是他的伟大之处。有人说哥伦布遇事畏缩、优柔寡断，对部下的反叛有时束手无策，时常为陷入绝境而哀叹，但他曾一次又一次从失败中奋起，这说明他是个坚强的开拓者；他也曾下令绞死反叛者，说明在关键时刻他是果敢的。有人说哥伦布卑下，不光彩地占有了应属别人享有的第一个看见新大陆的奖赏，但大多数情况下，他是高尚的，例如他曾借债把他的海员从美洲运回西班牙，落得个身无分文、一贫如洗的结局。有人说哥伦布残酷，他屠杀印第安人，并把印第安人当奴隶运到西班牙，但他对基督徒还是仁慈的，他不像麦哲伦那样毫不犹豫地把密谋者扔进海里。有人说哥伦布的做法很低贱，为了实现自己的发现计划而到处讨钱，想方设法去攀附贵族家庭，但他为了名誉、为了捍卫自身的权利和国王据理力争，说明他是个有原则很自尊的人。有人说哥伦布心地狭隘，只相信自己的兄弟亲友而怀疑别人，特别是他对在各方面帮助他实现首航的平松兄弟心存芥蒂，但他仍不失为一个宽宏大度的人，他对反叛自己的头领不计前嫌，又能忍让别人侵占他的发现收获，从他一生忠心为西班牙国王效劳，不为了好处而另投门庭来看，他是很讲义气和信誉的。

他创造了历史，但是并不能主宰历史。从整个人类史来看，他无法独占发现美洲的殊荣，最先为人类找到美洲的是印第安人；他说自己发现了印度群岛，但那只是他想象中的印度群岛；他想获得发现印度群岛的荣誉，但那块大陆最后没有用他的名字来命名。

对于哥伦布的历史地位，世人不会有一致的看法。否定的观点认为，他的美洲之行给印第安人带去的是数不尽的灾难，他的发现只是为欧洲资本主义的发展开拓了市场和增加了积累，总之，他的美洲之行是地地道道的侵略和掠夺；肯定的观点认为，他的发现客观地促进了人类文明的发展和文化交流，他的美洲之行加速了世界历史的进程，更何况他的目的是要寻找通往亚洲的航路，原本并不是要扩张。

即使世人褒贬不一，但哥伦布奇特诡异的命运必定会永远留在人类的记忆中。他的一生有许多亮点。首先，他坚信向西航行可以到达亚洲，别人都不信，但他抱定这个信念，十余年始终不变。为了实现西航的理想，他不断奋斗，多次遭遇失败，失败了再奋起，真的向西航行发现了一块新大陆，后人麦哲伦等继续他的事业，终于西航达到了亚洲。其次，他作为一个平民百姓，在葡萄牙和西班牙的贵族和国王中间四处游说，让他们支持自己的发现计划。尽管哥伦布多次遭到否定，有人说他是疯子、吹牛匠，可这些至高无上的贵族和国王们一直待他如上宾。第三，他还没有航行，就和西班牙国王们讨价还价并寸步不让，宁愿另找出钱资助的国王也不肯降低自己的条件，竟然使得国王们向他让了步，派人请他回来，一一答应他的要求。第四，他的发现使他功成名就了，但他不甘于此，还是那么坚定地一次又一次驶向浩渺无垠的大海，多次陷入九死一生的危险境地。他就是这样一个人，一生活得精彩，活得值得，好似天马行空无所顾忌。失败了，不后退；胜利了，不止步；受挫了，不泄气，他是一个真正勇敢的伟大的探险家。

哥伦布的兄弟和后代坐享其成，二弟巴托罗梅和三弟迭戈（贾科莫）均在殖民地获得高官要职。例如，巴托罗梅担任莫纳岛的最高长官，又是古巴矿山的总管。1509

年，哥伦布的儿子笛阿哥接替奥万多为第二任西印度群岛的总督，这是因为他与国王的表妹结了婚，成了皇亲国戚的缘故。笛阿哥死于1526年，长子路易斯不愿继承他的职位，西班牙王室封他为尼加拉瓜和牙买加公爵（*Duke of Nicaragua and Jamaica*），每年从殖民地收入中获得一笔年俸。这个爵位由哥伦布的后裔世袭至今。

哥伦布的事迹也有人记述，最著名的是巴塞罗梅•德•拉斯•卡萨斯（1474—1566）。他作为一个神父，于1500年到达新大陆。此前他的父亲和舅父都曾追随哥伦布进行过第二次西航。他写成名著《西印度群岛史》，共5卷，包含1492年哥伦布发现新大陆直到1520年的历史。在写作时，拉斯•卡萨斯使用了哥伦布的次子费尔迪南德的所有文献，包括费尔迪南德所写《哥伦布的生平和事业史》的西班牙文书稿。《西印度群岛史》全面、系统、翔实地记述了哥伦布航行的始末并加以评论，堪称研究哥伦布生平事业的最有价值的权威性著作。这部书的书稿在16世纪曾为安东尼奥•德•埃雷拉（1549—1625）所利用，写成《新大陆数十年》一书。此外，刚直不阿的拉斯•卡萨斯1552年在塞维利亚私人出版了他的与西班牙殖民者大异其趣（西班牙殖民者的兴趣在于消灭土著人，独占拉丁美洲，而卡萨斯的兴趣在于揭露殖民者的残暴，为印第安人伸张正义）的《西印度毁灭述略》一书，将西班牙殖民者在新大陆的暴行及其所造成的灾难性后果一一呈现在读者面前，为孤弱无助、惨遭杀戮的印第安人鸣不平，此书堪称伟大的人道主义著作。此外，哥伦布逝世后500年，他的传记在世界各地出版的不下500种。

哥伦布的遗体最初在巴利亚多利德(*Valladolid*)下葬，然而3年之后也就是1509年，他的长子笛阿哥将遗体迁移到塞维利亚的奎瓦斯修道院(*Las Cuevas Monastery*)。据说，哥伦布的遗体在1537年根据他的遗嘱安葬在他生前发现的“印度”，被长子笛阿哥的遗孀与其夫的遗体一起迁往“新世界”的伊斯帕尼奥拉岛(*Hispaniola*)，起初放在圣多明各大教堂(*the Saint Domingue Abbey*)一个铅制的棺材里。此后1795年由于西班牙将多米尼加(即圣多明

哥伦布塑像

各)割让给法国,因而把遗骨迁往古巴的哈瓦那(*Havana*)。1899 年发生了美西战争,西班牙准备放弃哈瓦那,故此又将哥伦布的遗骨迁回西班牙的塞维利亚,隆重地将其遗首与他两个儿子的遗骨合葬在塞维利亚大教堂。然而,法属多米尼加牧师会声称哥伦布的遗骨仍在圣多明各大教堂墓地。1877 年 9 月,人们在圣多明各的大教堂发现了哥伦布的遗骨。1948 年,多米尼加共和国政府在圣多明各城奥萨马河口东岸的悬崖上,为哥伦布凿出一尊巨大的花岗岩纪念像。这里是伟大的航海家最后的归宿处。

参考文献

[1] 莫里森.哥伦布传.上卷[M].北京:商务印书馆,1995:5.

[2] 莫里森.哥伦布传.下卷[M].商务印书馆,1995:4.

[3] 菲利普·罗斯.再见,哥伦布[M].人民文学出版社,2009.

[4] 爱德华·埃弗雷特·霍尔.哥伦布传——我犯过的错误绝非出于恶意[M].江西教育出版社,2012.

[5] 戴维·J·安德鲁斯.寻找哥伦布[M].湖南人民出版社,2010.

[6] 科林·海恩森.哥伦布和文艺复兴时期的探险家[M].江西教育出版社,2002.

[7] 让—保罗·莒维欧勒.追踪哥伦布的脚印——Trace冒险家与发现者[M].安徽教育出版社,2004.

[8] Michel Lequenne.哥伦布:大西洋的海军元帅[M].上海书店出版社,1999.

[9] 索帝略斯.哥伦布[M].海洋出版社,1984.

[10] 萨尔瓦多·德·马达里亚加.哥伦布传[M].人民文学出版社,2011.

[11] 孟坦涅斯.哥伦布之墓[M].江西人民出版社,2009.

[12] 马达里亚加.哥伦布评传[M].中国社会科学出版社,1991:9.

[13] 哥伦布.哥伦布航海纪[M].内蒙古人民出版社,2008.

[14] 马吉多维奇.哥伦布[M].新知识出版社,1958.
[15] 维·比安基.少年哥伦布[M].北京出版社,2012.
[16] 保罗·维尔纳·朗格.哥伦布传[M].新华出版社,1986:8.
[17] 木暮正夫.哥伦布[M].名人出版社,1980.
[18] 刘麟生.哥伦布[M].商务印书馆,1923:1.
[19] 伍志一.哥伦布[M].商务印书馆,1933:12.
[20] 李隆庆.哥伦布全传[M].中国青年出版社,1998:11.
[21] 克里斯托弗·哥伦布(英语读物)刘道义注释[M].人民教育出版社,1980:9.
[22] 陈太先.发现新大陆:哥伦布航海探险的故事[M].民主与建设出版社,1999:1.
[23] 曾彦一.哥伦布.辽海出版社,1998.
[24] 孙侃.哥伦布[M].浙江少年儿童出版社,2009:5.
[25] 黄邦和.通向现代世界的500年——哥伦布以来东西两半球汇合的世界影响[M].红旗出版社,1994:6.
[26] 林中河.拉丁美洲——哥伦布的伟大发现[M].重庆出版社,1999.
[27] 刘兴诗.美洲来的哥伦布[M].上海科技教育出版社,1998.
[28] 晓树.新大陆的发现者——哥伦布[M].中国画报出版社,2009.

图书在版编目(CIP)数据

哥伦布传 / 吴兴勇著 .—青岛：中国海洋大学出版社，2014.6（2019.4重印）

ISBN 978-7-5670-0620-1

Ⅰ. ①哥… Ⅱ. ①吴… Ⅲ. ①哥伦布，C.（1451～1506）- 传记 Ⅳ. ① K835.465.89

中国版本图书馆 CIP 数据核字(2014)第 095118 号

出版发行	中国海洋大学出版社
社　　址	青岛市香港东路 23 号
邮政编码	266071
出 版 人	杨立敏
网　　址	http:// www.ouc-press.com
电子信箱	cbsebs@ouc.edu.cn
订购电话	0532-82032573（传真）
责任编辑	郑雪姣　　　0532-85901092
插　　画	张柏钰
印　　制	临沂圣贤印刷有限公司
版　　次	2015 年 3 月第 1 版
印　　次	2019 年 4 月第 2 次印刷
成品尺寸	144 mm × 215 mm
印　　张	7.25
字　　数	150 千
定　　价	22.00 元